阅读推广人系列教材(第五辑)

中国图书馆学会 编

王余光 霍瑞娟 李东来 总主编

读书方法
与图书馆阅读推广

主 编 郭欣萍

Reading Method
and Reading
Promotion of Library

朝華出版社
BLOSSOM PRESS

图书在版编目（CIP）数据

读书方法与图书馆阅读推广 / 郭欣萍主编 . — 北京：朝华出版社，2020.8

阅读推广人系列教材 . 第五辑

ISBN 978–7–5054–4585–7

Ⅰ . ①读… Ⅱ . ①郭… Ⅲ . ①读书方法—教材②图书馆—读书活动—教材 Ⅳ . ① G792 ② G252.17

中国版本图书馆 CIP 数据核字（2020）第 047713 号

读书方法与图书馆阅读推广

主　　编　郭欣萍

选题策划　张汉东
责任编辑　刘小磊
责任印制　张文东　陆竞赢

出版发行　朝华出版社
社　　址　北京市西城区百万庄大街 24 号　　　　邮政编码　100037
出版合作　（010）68995593
订购电话　（010）68996050　68996618
传　　真　（010）88415258（发行部）
联系版权　zhbq@cipg.org.cn
网　　址　http://zhcb.cipg.org.cn
印　　刷　武汉市新华印刷有限责任公司
经　　销　全国新华书店
开　　本　710mm×1000mm　1/16　　　　　　字　　数　170 千字
印　　张　11
版　　次　2020 年 8 月第 1 版　　2020 年 8 月第 1 次印刷
装　　别　平
书　　号　ISBN 978–7–5054–4585–7
定　　价　45.00 元

阅读推广人系列教材
编委会

总 序

由中国图书馆学会（以下简称"中图学会"）主持编写的丛书"阅读推广人系列教材"，是中图学会"阅读推广人"培育行动的一部分。

自 2005 年中图学会设立科普与阅读指导委员会（2009 年更名为"阅读推广委员会"）以来，各类型图书馆逐步重视开展阅读推广活动，并取得了丰硕的成果。在阅读推广过程中，很多图书馆面临不少问题，其中没有适合从事阅读推广的馆员是一个重要问题，而这对图书馆阅读推广活动能否持续、有效、创新地开展，将产生重要的影响。

鉴于此，中图学会阅读推广委员会于 2013 年 7 月，在浙江绍兴图书馆举办了"首届全国阅读推广高峰论坛"。这一论坛的目的是为图书馆免费培训阅读推广人，造就一支理念新、专业强、技能高的阅读推广人才队伍。首届论坛获得了图书馆界同人极高的评价。此后，在 2014 至 2015 年，中图学会阅读推广委员会又在常熟、石家庄、镇江、成都、临沂举办了五次免费培训，都取得了良好效果。

在绍兴阅读推广人培训之后，中图学会阅读推广委员会便着手考虑培训的专业化与系统性。为了更好地将阅读推广人培训工作顺利推进，委员会于 2014 年 7 月为中图学会制订了《培育阅读推广人行动计划（草案）》。该草案分四个部分：前言、培训课程体系与教材、专家组织、考核与能力证书授予等。关于阅读推广人，"前言"中写道：

"阅读推广人"是具有一定资质，可以开展阅读指导、提升读者阅读兴趣和阅读能力的专业与业余人士。

全民阅读、阅读推广，是立足中国文化、提高中华民族素质与竞争力的重要举措，近两年来受到政府与社会的广泛关注。为了推动全民阅读工作规范有效开展，培训"阅读推广人"是十分重要与必要的，也是很多机构，如学校、图书馆、大型企业、宣传部门十分需要的。

中国图书馆学会长期以来开展阅读推广活动，积累了丰富的经验，并拥有一批该领域的专家学者，从事全民阅读与阅读推广研究，他们承担课题或从事教育培训，取得了一定的成果，为进一步开展"阅读推广人"的培训、资格认证提供了重要的基础。作为以促进全民阅读，为读者终身学习提供保障为目标和社会责任的图书馆，应当成为阅读推广人培养与成长的摇篮。

中国图书馆学会为了更好地帮助图书馆、学校、大型企业、宣传部门等机构开展阅读推广工作，将阅读推广人培训作为一项长期工作。为了培训工作更好与规范地开展，特制订《培育阅读推广人行动计划》。参加培训的学员，通过一定的考核，中国图书馆学会将授予学员"阅读推广人"资格证书。

2014年12月11日，中图学会阅读推广委员会举办的"全民阅读推广峰会暨'阅读推广人'培育行动启动仪式"在常熟图书馆举行。会上，中图学会正式启动"阅读推广人"培育行动。

在"阅读推广人"培育行动中，教材的编写成为首要任务。这套"阅读推广人系列教材"是国内首套针对阅读推广人的教材。由于没有相关的参考著作，教材可能还存在一些不足。在今后使用过程中，对教材中存在的问题与不足，主编将做进一步的修订与完善。这套教材的问世，对中国阅读推广人的培育将发挥积极的推动作用。

"阅读推广人系列教材" 编委会

前　言

　　自 2014 年"全民阅读"首次写入《政府工作报告》以来，倡导全民阅读，推动学习型社会建设已成为当前生活中的一个重要话题。以阅读完善自我，以阅读促进学习，成为每个公民致力于自身素质提升的重要途径。

　　以书为标识的、遵循公益服务原则的公共图书馆，责无旁贷地成为阅读推广的核心力量。新时代，公共图书馆作为进行地域文化传承的重要阵地、多元文化的聚集地和知识信息的集散地，被赋予了新的职责与使命。习近平总书记在党的十九大报告中指出："文化是一个国家、一个民族的灵魂。文化兴国运兴，文化强民族强。没有高度的文化自信，没有文化的繁荣兴盛，就没有中华民族伟大复兴。要坚持中国特色社会主义文化发展道路，激发全民族文化创新创造活力，建设社会主义文化强国。"由此看来，创设良好的阅读环境，营造浓郁的阅读氛围，从根本上提高社会公众的文化认知，彰显当代公共图书馆的文化自信显得尤为重要。

　　互联网、智能终端等新技术的发展以及 5G 时代的到来，使得阅读设备、阅读方式、阅读内容都发生了翻天覆地的变化。借助电子终端工具，在新兴的数字出版平台上浏览信息、获取知识，已成为当今信息社会的常态。新媒体时代，固然阅读载体不断更新，但阅读是无时不在的。书林学海中美妙绝伦的读物，使人置身于五彩缤纷的世界，激励着人们去获取新知，去探索未知。同样在阅读过程中，人们往往会为"读什么"和"怎样读"这些问题所困惑，如何有效地引导社会公众由被动的"阅读"转向主动的"悦读"，由无章法的阅读转向针对性的阅读，成为公共图书馆馆员必须努力实践的一项重要工作。普及、深入、全面地开展全民阅读推广活动，必须加倍重视读者对读书方法的认识和把握，继而帮助读者把握书籍的内涵，实现有效阅读。

　　本书基于新时代下阅读的特征和掌握读书方法的意义，聚焦中外读书方法与理论问题进行研究，针对阅读需求的多样化，以著名学者王国维的治学三大境界、《人民日报》原副总编梁衡的阅读六种基本层次和两种类型、美国著名教育家莫提默·J.艾德勒的阅读层次理论为例，初步将读书方法分为精读、泛读和速读三种。在此基础上，通过确定阅读目标、选择阅读书籍、阅读问题设计、阅读评估方法四大阅读步骤，引导读者完成阅读，激发阅读兴趣。此外，本书还提出了注意力、记忆、笔记、思考、总结、反刍六个阅读中的关键环节，以及批判式的阅读训练，通过制作思维导图和有效的数字化阅读，丰富读者的阅读体验，从而实现完整的、科学的、深入的知识获取和对阅读的吸收。在读书方法的应用上，本书从不同读书方法的应用分析、不同类型读物的读书方法和不同读者群体的读书方法进行分析阐述，进一步帮助读者从不同层面掌握行之有效的读书方法。

文化自信不仅需要提高全民族的阅读能力，更需要激发图书馆行业对阅读服务的关注，提升公众的阅读意愿。而阅读推广正是图书馆应对时代挑战而选择的一种新型服务方式。为此，编写组成员精心选取全国各级各类图书馆关于图书馆如何运用读书方法开展读书活动的特色阅读推广实践案例，通过分享诸如"苏州图书馆'悦读宝贝'计划"、"英国'宝贝篮子'项目"以及"太原市图书馆'太宝Party'"等优质的阅读推广活动案例，打造图书馆阅读推广服务品牌，提升图书馆馆员的阅读推广服务能力，建立行之有效的阅读推广活动激励机制，引导、训练、帮助和服务读者用先进的阅读理念、科学的读书方法、丰富的阅读活动、积极的阅读导向，影响和激发社会公众的阅读兴趣，营造全民参与阅读的氛围，促进图书馆事业的发展。从而对现代读者提供阅读帮助，便于读者更好地对图书进行选择，也使得本书所提出的读书方法更具有可操作性。

阅读具有使我们从现在的样子变成将来可能变成的样子的力量。随着数字化时代的到来和先进信息技术的更迭，一切的阅读方式都只是为我们的阅读求知提供更为有效的时代利器，而采用有效的读书方法进行阅读，深入思考、不断反思、定期评估，相信我们每读过的一本书，都会为自己照亮前行的道路。这也正是本书所要表达的终极文化关怀之所在。

郭欣萍

目 录

绪论

第一节　新时代下阅读的特征

　　中华民族自古以来就非常重视读书。古人常言"腹有诗书气自华"，人通过读书才能增加知识、提高素质和才干，其气质自然华贵不凡。南宋思想家、教育家朱熹曾说："问渠那得清如许？为有源头活水来。"清萧抡谓说："一日不读书，胸臆无佳想。一月不读书，耳目失精爽。"在人的生活社交中，要与他人交流，要提高自身的表达能力，丰富自身的语言，除了通过实践自主研究提升，最重要的就是通过阅读书籍，增长见识。因此，阅读在人的生活中占有很重要的地位。

　　想象一个安静的午后，一束柔和的阳光洒下，手捧一杯咖啡，缓缓地翻着书页，伴随着淡淡的书香，深深地思索着生命的真谛。又如，一个安静舒雅的图书馆里，容纳了各种类型的读者：在校学生忙着低头做功课；中老年读者翻阅着报纸，静观世界的风云变幻；幼儿园的孩子干脆坐在楼梯上，忘我地阅读，细细地品味书中每一句话的意思。读书可以怡情，可以傅彩，可以长才。读书让你博闻强识，谈笑风生。

　　数字化时代，我们的阅读不再是单一地拿着一本纸质的图书念念有词，如今只需要拿着一个小巧的手机便可以进行阅读。随着阅读载体的发展，人们原有的阅读方式、读书习惯也正在悄然改变，如线性阅读转向非线性阅读、纸质阅读转向屏幕阅读、固定阅读转向移动阅读、单向阅读转向交互性阅读等。

　　一些人拿起书本不是打瞌睡，就是因读不懂内容或文字晦涩而苦恼，何乐之有？而数字阅读则不同，它形象直接，给人以区域美的享受，不需要只是盯着白纸黑字，这就是数字化时代给人带来的好处，即使是一个一直宣称自己只喜欢纸质图书的人，他的生活也已经充满了电子化的阅读。电子文档、电子书、电子杂志、网页新闻、微博文章、公众号文章。我们从来不主动接近它，然而它已经满满占据了我们生活的各个角落。

新时代下的阅读具有的特点，具体有以下几点：

第一，由纸质阅读向网络阅读转变。纸质图书的历史有 2000 多年，记录了人类思维、科学、文学、文化的所有优秀成果，成为人类文明史的载体。在现代生活中，许多人看书，并不仅仅是为了获取书中带来的信息，而是喜欢圈圈画画、翻书的感觉。但是，数字时代下，阅读载体已不限于纸质，各种"屏幕"正在成为新的主流载体，根据第十五次全国国民阅读调查显示，我国成年国民人均每天手机接触时长为 80.43 分钟，人均每天互联网接触时长为 60.70 分钟，手机和互联网成为成年人接触媒介的主体。超过半数成年人倾向于数字化阅读方式，人均每天微信阅读时长为 27.02 分钟。有了网络的支持，人们每天睁眼第一件事便是打开手机，寻找自己所需要的信息。无论在公园、机场、地铁或公交车上，人们低着头，专心摆弄手机、电子书阅读器或平板电脑，看得津津有味。人们利用现代多媒体技术将原有纸质、印刷的文本转换为数字化、多媒体形式，通过迎合人类喜好以达到休闲、享乐的目的。据《华盛顿邮报》的调查，当下的年轻人不是不阅读。正好相反，他们阅读，有的甚至阅读更多内容[①]。但是，他们获得的信息是免费的、获取渠道是便捷的，比如在网络上，直接使用浏览器搜索，只需要很短的时间，就可以准确且免费地获取很多新闻、商品、竞赛、通知等需要的信息，而传统纸质载体却不能带给人们便捷和个性化的信息阅读，也就是说，阅读纸质载体的成本更高。总之，数字技术带来种种变化：扩大了阅读的选择范围，增加了阅读形式，提高了阅读效率。新的阅读工具，以及电影、电视、视觉表演、图文书、网络冲浪等的发展，使得人们的阅读频率大大提高。

第二，网络阅读一般都属于浅阅读，网络阅读是在看电影、电视中流动的影像，看快速、跳跃、横竖交叉的网络，看到的都是视觉上的匆匆一瞥，甚至都没有经

---

① 华风霞. 数字时代读者阅读特征探析［J］. 中州大学学报，2012（6）：88-90.

过人的思考，只是见过而已[①]。数字时代下，生活的快节奏，让人们几乎没有时间坐下来静静地读完一本名著，只能抽时间看手机新闻、刷微博、浏览小说，断断续续地进行阅读。在这种环境中，人们大都在进行浅阅读。汉语中的"读"与"看"是两个完全不同意义的动词，浅阅读即是"看"的表现。据第十五次全国国民阅读调查显示，2017年我国成年国民人均纸质图书阅读量为4.66本，有39.5%的国民认为自己的阅读数量很少或比较少，对自身阅读的满意度偏低。尼尔森曾跟踪读者眼球的运动，根据眼球在网页上的移动，记录读者在网页哪一部分停留及停留时间的长短。他的研究表明，网络阅读比较传统阅读，有以下不同：图书阅读是线性的，需要一字一句阅读，网络阅读是跳跃的，很快便可由一个主题跳跃到另一个主题上；图书阅读是作者引导，网络阅读则由读者控制，可以按自己的需要随意改变阅读对象；图书阅读是叙述性的，网络阅读是读者寻找所需答案；图书阅读是完整的内容，网络阅读则是零散的片段。

如今的阅读多是带有功利性的阅读，无论是学生还是上班族，都会针对自己的需要而阅读：学生以获取成绩为目的，每天都会翻看各种辅导书；上班族更倾向于阅读职场打拼励志的书，或是各种养生、实用技术的图书。而那些滋润心灵、陶冶情操的阅读却被丢弃。现代社会，时间稀缺紧张、生活压力增大，单位时间里，每个人需要处理的各种信息、事物早已令大脑不堪重负，大脑不得不用"浅阅读"的方式为自己减压，这就使得现代社会的阅读愈来愈功利化[②]。这样的阅读环境造成的结果可能就是国民素质降低，国民创新能力下降，特别是对青少年人格成长、价值观的形成等产生不良影响。这一现象值得深思。阅读不应该是功利性阅读，而应该是健康阅读。阅读应该是快乐的、深度的、提升自我素养的。

第三，阅读由独立阅读变为互动式阅读。互联网普及初始，人们基本可以做到随时随地使用电子产品上网阅读，浏览器也仅仅可以做到帮助读者显示和接收信息，之后博客的诞生就提供了人们读写的平台，还有各种小说阅读app（手机软件）、新闻类app，作者可以在平台自由地发表言论，也可以选择喜欢的内容阅读，并且读者可以直接和作者互动，进行深入交流。互动阅读不仅提升了阅读的

[①] 李新祥.数字时代我国国民阅读行为嬗变及对策研究［D］.武汉大学，2013.

[②] 朱宁宁.碎片化功利性浅阅读风正劲：如何推动全民"深阅读"？［J］.中国人大，2019，471（3）：31—32.

主动性，更将读书与写作有机结合，一定程度上提高了读书效率。

第二节　掌握读书方法的意义

读书不得法，犹如雾里看花，不知所云，或如缘木求鱼，南辕北辙。"学而不思则罔，思而不学则殆"。学与思结合，才能相得益彰，这是孔子的经验之谈。清代哲学家焦循晚年总结读书经验时说："学贵善思，吾生平最得力于'好学深思，心知其意'八字。"焦循的读书公式是：读书—寻疑—深思—再读—再思—求解。什么是读书方法，读书方法有什么用？法国17世纪杰出的数学家、哲学家和科学方法论者笛卡儿说："最有价值的知识是关于方法的知识。""没有正确的方法，即使有眼睛的博学者，也会像盲人一样盲目摸索。"掌握好的读书方法会使你的阅读事半功倍，读书方法就像是钥匙，找到正确的钥匙，才能顺利地掌握知识。这足以说明选择正确读书方法的重要。读书方法，不仅包含读书的技巧，亦包含对读书的态度、原则，以及良好的习惯。

读书是学习并获得间接知识非常重要的途径，是把别人的知识转变为自己的知识的过程。所以说，读书是获取智慧的重要来源。古语有云："工欲善其事，必先利其器。"只有讲究科学的方法和熟练的技巧，才能提高读书的效率，获得更多、更新、更有价值的知识[①]。有效的读书方法变为我们学习知识的利器，掌握读书方法的意义也就至关重要了。

一、掌握读书方法有助于增进读书效能

效能，即效率、效果。既要求效率，又讲究效果。

掌握正确的读书方法，首先，能够帮助读者做好阅读前的准备，明确阅读目标、需求的意识，并形成阅读前的规定动作，为选书提供依据。其次，能帮助读者在浩瀚的书海中通过粗略浏览阅读内容的标题、作者、摘要、目录、关键词句等的方式，迅速判断所看内容是否符合阅读需求，从而快速选择到符合自己需求

---

① 权云.学生课外阅读存在的问题及对策［J］.甘肃教育，2014（16）：91.

的书籍以进一步深入阅读，从而提高选书效率。再次，在阅读的过程中，读书方法中的一些阅读技巧，比如概念阅读法、垂直阅读法、速读法等，能够帮助读者快速完成所选内容的阅读，高效地完成对阅读内容的全面了解，而精读法、泛读法等则可以帮助读者有侧重、有重点地完成阅读，既节省了阅读时间，又掌握了阅读内容中的重点，从而获得较好的阅读效果；读书方法中的"思""疑""批判式阅读"则是帮助读者在阅读中养成思考、怀疑的习惯，对阅读内容，取其精华，弃其糟粕，使阅读效果得到进一步的升华；而读书方法中的"做笔记""做标记"等方式，则是方便读者在第二次阅读时快速掌握其重点，大大提高了其阅读效率。读者掌握正确的读书方法，在选书、阅读等过程中，既能提高其效率，又能获得较好的阅读效果，因此说，掌握正确的读书方法有助于增进读书效能。

著名诗人臧克家创作出了很多作品，并学以致用，总结出了"以我为主"的读书方法。所谓"以我为主"的读书法，就是强调独立思考地选择、钻研书。首先，选书应"以我为主"，即选书是有目的的，并非杂乱无序的。臧克家作为文艺工作者，为了提高自己的创作能力，需要不断丰富与充实其精神世界，因此其阅读范围也是以古今中外文艺作品居多，比如古典诗词、诗论等。其次，臧克家也主张"以我为主"式欣赏作品。其在评价和欣赏作品时，所采用的欣赏标准是"得我心者""使我佩服的"，而非作者是谁，遇到喜欢的内容，他会做标记或者写在篇头上。其看注释也主张"以我为主"。书中的注释原本是为了帮助读者更好地理解原文，但通过有些注释并不能完全体会原文，更甚者，不但不能解释原文，而且会产生一些误解和误导，所以其在看注释时，同样遵从"以我为主，善者从之，不善者改之"的方法，独立地思考、审视、分析。因为，知识是从读书和思考中得来的，所以只有思考得深入，收获才大，认识和理解才会深刻[①]。

有几种错误、低效的读书方法被人们所批评。第一种，"饥不择食"的读书方法。即只追求阅读广度，忽视阅读深度和自身阅读需求，造成付出和收获不成正比。第二种，"走马观花"式的读书方法。即只追求阅读数量和速度，不求甚解，造成无效阅读。第三种，"寻章摘句"式的读书方法。即只注重细节，不注重整体主线，缺乏系统性。果戈理《死魂灵》中的彼得尔希加，就是不懂读书方

---

① 名人读书方法，臧克家读书［J］．山东教育，2000（10）：61.

法的典型人物。书中彼得尔希加嗜书如命，但因在阅读中不加以选择和思考，最终收获寥寥。可见，没有正确的读书方法，即便嗜书如命，也不会有很好的效果。读书时，注意读书方法，对书的内容进行详细的分析、归纳，读书效果就会好很多①。因此，掌握正确的读书方法才是提高阅读效能的捷径。

如今，信息和知识均处于积累、膨胀和爆炸的阶段，读书学习、汲取知识养分的需求也更加迫切。只有掌握了正确的读书方法的人，才能真正不断地从阅读中汲取营养，不断成长，才能将知识海洋中的精华部分有选择、高效地转换为自身知识结构的有效组成部分，才能把知识化作有力的工具，才能在书山之中捷足先登。

二、掌握读书方法有助于提高学习素养

"修德忘名、读书深心"，读书使人明理明德、明荣知耻，读书的过程实质上也是修炼道德、陶冶情操的过程。无论是明君贤臣，还是圣人先哲，无不倡导为人修身立德，正人先正己，做官先做人②。毛泽东一生酷爱读书，他说过："欲知大道，必知文史"，"饭可以一日不吃，觉可以一日不睡，书不可以一日不读"③。习近平总书记也指出："如果不加强读书学习，知识就会老化，思想就会僵化，能力就会退化，就难以做好领导工作，就会贻误党和人民的事业。"只有爱读书、读好书、善读书，才能够开阔眼界、增长知识，才能够治心养性、提升境界、远离低级趣味，并赋予我们一个宁静的心态、理智的头脑以及开放的胸怀④。清代张潮在《幽梦影》中，对读书有一个绝妙的比喻："少年读书如隙中窥月，中年读书如庭中望月，老年读书如台上玩月，皆因阅历之浅深所得之浅深耳。"同样的一轮月亮，由于少、中、老三个人生阶段的年龄和阅历不同，隙、庭、台观月的地点有别，"窥、望、玩"月的方式各异，所看到的情景和收获就大相径庭。前者可观其一二，中者只能略知大概，唯独后者高处台上，眼界开阔，便能深得其精髓。读书亦然，阅历深者方能晓其三昧，识其真谛，达到"知其然，知其所以

---

① 行路漫漫，阅世茫茫［J］.语文教学与研究，2016（36）.
② 张联民.漫谈道德修养与读书［J］.改革与开放，2014（17）：74–75.
③ 杨治钊.向毛泽东学读书［J］.文史春秋，2017（11）：64.
④ 李双套.领导干部要自觉加强学习［J］.求知，2016（1）：10–11.

然"的境界[①]。

读书的目的不是为了装门面、做样子、附庸风雅，而全在于应用，在于学以修身、学以资政、学以经世，更好地指导实践、促进工作。因此，要自觉把学习所得与实践相结合，通过读书学习，进一步解放思想、更新观念，在增长知识中培养胆识，在开阔眼界中拓宽思路；通过工作实践，进一步深化学习、提高认识，切实把读书的体会、学习的成果转化为我们的学习素养。掌握正确的读书方法，绝不仅仅能帮助我们更高效地获取知识，更重要的是收获学习的能力、不一样的思维方式以及看待事物的眼光[②]。

培根曾说过："知识本身并没有告诉人怎样运用它，运用的方法在书本之外。"仅有知识，没有方法，不可能形成一个人的能力。严济慈曾说过："每个人都要探索适合自己的读书方法，要从读书中发现自己的长处，进而发挥自己的长处。"[③] 德国艺术家拉辛说："上帝如果一只手拿着现成的真理，一只手拿着寻求真理的方法，我宁选择寻求真理的方法，而不要现成的真理。"我们说，既要知识，也要方法。阅读过程中，掌握科学的读书方法，能迅速提高阅读能力。读书方法，既不能"单打一"，也不能"一刀切"，要根据读者的实际情况灵活调整，做到有所侧重，有所"配合"，以便更快地获得知识，适应未来学习的需要[④]。

英国诗人柯勒律治曾把阅读者分为四类：第一类好比计时的沙漏漏沙，注进去，漏出来，什么也没留下；第二类好像海绵，什么都吸收，挤一挤，流出来的东西原封不动；第三类像滤豆浆的布袋，豆浆都流了，留下的只是豆渣；第四类像是开掘宝石的苦工，把矿渣甩一旁，只要纯净的宝石。阅读要取其精华，去其糟粕。爱因斯坦说："在所阅读的书本中找出可以把自己引向深处的东西，把其他一切统统抛掉，就是抛掉使头脑负担过重和会把自己诱离要求的一切。"这就是说，阅读时只有掌握正确的方法才能抓住书中的精髓，继而实现由浅入深的转化[⑤]。也许知识总有一天会过时或者被我们遗忘，但通过正确的读书方法获得的阅

---

① 临风.老年正是读书时［J］.老同志之友，2014（11）：42.

② 慎海雄.领导干部要减少应酬多读书［J］.瞭望新闻周刊，2009（23）：1.

③ 赵媛媛.怎样让高中语文课堂充满魅力［J］.课程教育研究，2013（24）：190–191.

④ 田平.浅谈多种阅读能力的综合培养［J］.快乐阅读（句刊），2013（11）：49.

⑤ 李敖.大卸八块来读书［J］.语文教学与研究，2013（21）：27.

读体验，以及阅读带给我们的学习素养的提升是不会随着时间流逝的，它必将伴随我们一生，为今后的自学和工作带来极大的好处，使我们紧跟飞速发展的现代社会而不会掉队。

第三节 读书方法对阅读推广工作的作用

2018 年初《中华人民共和国公共图书馆法》的颁布实施，为图书馆的发展提供了新契机。阅读推广作为"全民阅读"重要举措和图书馆服务的核心工作之一，已经被列入《中华人民共和国公共图书馆法》。那么，阅读推广是什么呢？具体有哪些形式内容呢？

一、阅读推广的概念、目的、理念、形式内容

（一）概念

"阅读推广"一词来源于英文的"Reading Promotion"，"Promotion"除可翻译成"推广"外，还有"促进、提升"的意思，所以也有人将"Reading Prom-otion"翻译为"阅读促进"。自 1995 年联合国教科文组织确定每年的 4 月 23 日为"世界图书与版权日"（World Book and Copyright Day），1997 年又发起"全民阅读"（Reading for All）活动以来，"Reading Promotion"一词常见于联合国教科文组织、美国国会图书馆、美国国家艺术基金会的"大阅读"项目、国际图书馆协会联合会等倡导全民阅读的组织、机构的网站和工作报告。但是在英语世界，无论是机构网站、工作报告、期刊论文，还是维基百科，都没有赋予"Reading Promotion"一个学术性的定义，人们普遍认为"Reading Promotion"是一个意思清楚的词语，无须做专门的定义。

国际上发出全民阅读的倡议之后，我国迅速响应，顺理成章地借用了"Reading Promotion"这个概念，通常将其翻译为"阅读推广"，于是乎，自 1997 年以来，"阅读推广"逐渐成为国内图书馆界、出版界的一个常用词、高频词。按照字面理解，"阅读推广"无非就是为推动全民阅读的实现而开展的所有引导阅读、激励阅读

的活动的统称。河南省图书馆界学术带头人，现任中原工学院图书馆馆长张怀涛先生，在收集、分析 10 余位学者的观点的基础上，给"阅读推广"下的定义是："'阅读推广'顾名思义就是推广阅读；简言之就是社会组织或个人为促进人们阅读而开展的相关活动，也就是将有益于个人和社会的阅读活动推而广之；详言之就是社会组织或个人，为促进阅读这一人类独有的活动，采用相应的途径和方式，扩展阅读的作用范围，增强阅读的影响力度，使人们更有意愿、更有条件参与阅读的文化活动和事业。"[①]

在阅读推广的潮流之中，图书馆因为具有体系成熟、布点广泛、资源富集、专业化程度高的特点，自然而然地成为阅读推广的一支核心力量。经典图书推荐、名家讲坛、知识竞赛、亲子阅读、VR 虚拟数字体验……随着国家对阅读推广的重视，各地图书馆阅读推广工作开展得如火如荼，内容丰富、形式多样的阅读推广活动，为读者带来了丰富的文化体验。

（二）主要目的与基本理念

阅读推广活动的目的，归纳起来主要有三点：一是培养阅读兴趣；二是传授读书方法；三是促进全民阅读。

阅读推广的基本理念主要有三点：

第一个理念是倡导阅读越早越好。阅读应该越早越好，甚至可以从零岁开始。研究表明，成年人与年仅 6 个月的婴儿一起阅读，有助于儿童早期的语言和识字能力的发展，也有利于培养、丰富婴儿的情感，并且因为亲子阅读而使父母得以与孩子共度一段美好的时光[②]。

第二个理念是倡导分级阅读。1987 年，时任天津少儿图书馆辅导部主任（后任深圳少儿图书馆馆长）的孟绥和副馆长张铁铮撰写了《少年儿童阅读指导概论》（刊发于当年《儿童图书馆与中小学图书馆》杂志专号上）。文中，研究者依据人们的年龄特点，将阅读分为三级，即初级阅读、中级阅读和高级阅读，分别对应 0~10 岁、10~15 岁和 15 岁以后三个年龄段。其中，初级阅读又分为婴儿阅

---

① 王波. 阅读推广、图书馆阅读推广的定义——兼论如何认识和学习图书馆时尚阅读推广案例［J］.图书馆论坛，2015，35（10）：1–7.

② Aims and objective sof proposed research［EB/OL］.［2019–02–03］.http://booktrusstadmin.kentlyons.com/downloads/CatherineHunn.doc.

读期（0~2岁）、稚嫩阅读期（2~4岁）、学前阅读期（4~6岁）、转换阅读期（6~10岁）几个阶段。中级阅读期也分为丰富阅读期（10~12岁）和深入阅读期（12~15岁）几个阶段，各年龄段少儿在阅读内容与阅读形式上存在着较大差异。许多图书馆根据读者年龄的不同，设立亲子馆、少儿馆，提供个性化的阅读服务。

第三个阅读理念是倡导快乐阅读。所谓快乐阅读，一是指阅读的态度是愉快的，二是指阅读中能够体验到审美的愉悦。当孩子们真正体会到"阅读是一种快乐"时，就意味着他的阅读已经转化为一种快乐，也可能由此转化为一种自觉的习惯。阅读习惯并非生而有之，需要加以培养和引导，尤其是少年儿童的快乐阅读习惯应该得到成年人小心翼翼的保护；把阅读变成"悦读"，这应该是图书馆阅读推广工作的一个重要责任。除此之外，快乐阅读还需要良好的社会环境，包括提供良好的阅读环境、传授有效的读书方法和树立正确的阅读理念。

（三）阅读推广活动形式及内容

随着科学技术的不断发展，信息化时代的到来为公共图书馆阅读推广提供了有利条件。信息化时代下数字媒体如网站、微博、微信、论坛等已经融入每个人的生活中，这些媒体具有很强的交互性、即时性、开放性、参与性。其中起步最早的是新浪微博，新浪微博上的阅读推广是阅读首次通过媒体出现在人们的视野中，改变了人们对于阅读的认知。而时下最火的微信公众平台实现了阅读推广的全面覆盖。公共图书馆借助微信的扩张力和使用力扩大阅读推广范围。同时微信公众平台的可移动能力、快速切换能力、界面的美观度与操作的便捷性等，提升了公共图书馆阅读推广的吸引力，成为一个对社会影响较大的阅读平台。由此可见，新媒体的渗透从源头上改变了广大读者的阅读方式，为了适应阅读方式的变化，公共图书馆要改变现有的工作方式，就必须要带动公共图书馆阅读推广向数字化方向转变，VR虚拟数字体验就是一个很好的例子。总之，数字化是公共图书馆阅读推广发展的必然趋势。除此之外，经典图书推荐、名家讲坛、知识竞赛、亲子阅读……内容丰富、形式多样的阅读推广活动，为读者带来了丰富多彩的文化体验。

二、读书方法对阅读推广的作用

阅读推广需采用多种多样的形式引导读者进行阅读，培养其阅读习惯，提高其阅读效果。培养兴趣、爱上阅读是目前阅读推广的主要目标，效果也较为显著，但如何更深入地推动阅读活动，是目前阅读推广工作的一大问题。从读书方法层面深层次地推动阅读推广活动，可有助于读者掌握正确的读书方法，提升读书技能，形成更好的读书氛围。

有效的读书方法有助于培养阅读兴趣。孔子说过"知之者不如好之者，好之者不如乐之者"。兴趣是学习读书最好的老师。所以说，培养读者的阅读习惯，更好地进行阅读推广，就一定要把培养读者对阅读的兴趣放在首位。然而，很多人仍然缺乏对阅读的兴趣。他们或者忙于工作，自认为缺乏阅读的时间和兴趣；或者缺乏读书有用的基本认知，不认为读书有什么用；抑或缺乏相应的读书技巧，只知道死读书，浪费了时间，耗费了精力却没有任何收获与成效，也就逐渐地倦于读书。对此，我们需要好好反思，我们是真的挤不出来时间读书吗？读书是真的无用吗？答案是否定的。很可能是我们死读书，读死书，缺乏科学的读书方法，导致自己一无所获。换言之，有了收获，有了实效，很多人就会培养起对读书的兴趣，因为读书是"有用的"，是可以学以致用的。有了这样的共识，我们的阅读推广工作将会变得更容易，会得到更高的关注度，会真正刮起"全民读书"风潮，也会将图书馆"普及大众教育，提供文化娱乐，建设精神文明"的工作做得更好。

读书方法的掌握有助于读者构建自己的知识体系，提高其学习能力，从而推广阅读。俗话说，"工欲善其事，必先利其器"。读书之所以要构建自己的知识体系，不是因为知识体系有多好，而是培养知识体系能够让读者有稳定的根基和框架，能帮助读者树立成长思维、批判思维和系统思维。没有知识体系的读者，要么听风是风、听雨是雨，要么针插不进、水泼不进。拥有知识体系的读者则可以实现思维方式的升级，对读书有了更多的感悟和收获，从而坚持阅读，他们也就自觉地成为阅读推广者。

最后，掌握科学的读书方法会帮助读者主动读书，形成主动读书的社会阅读氛围。什么是主动阅读呢？就是阅读时要提出问题来，并尝试寻找答案。在阅读时我们有时会被动地获取资讯，有时会主观思考问题，改变观念，主动阅读偏向于后者，它能够将我们的精神集中在我们所做的事情上，从而能够保持清醒，完成阅读目标。那么如何实现主动阅读呢？主动阅读的基础就是要学会提出问题，在我们阅读一本书的时候就要想清楚，我们真正想要知道些什么。一个有自我要求的阅读者要提出的四个基本问题是：这本书在谈论些什么；作者是怎么谈论的（也就是整本书的组织框架）；这本书说的是否有道理，能否和现实结合；这本书和我们有什么关系。这四个问题其实是相互关联的，如果我们通过科学的读书方法高效地读完一本书，并能回答这四个问题，也就完成了一个高质量的阅读计划。所以说，要想实现高质量的阅读，养成主动阅读的习惯是必不可少的，而阅读的习惯养成需要把握科学有效的读书方法。

第一讲
中外读书方法概述

第一节　中国古代的读书方法

一、读书在中国古代的重要性

中国是一个文化大国，拥有着悠久的阅读传统。读书在中国古代的重要性，从社会形态与结构的许多不同层面和角度都能得以体现。

从思想文化方面来看，春秋战国时期，诸子百家争鸣。在这个辉煌灿烂、群星闪耀的时期，涌现出了许多不同的优秀学派。有以孔子、孟子、荀子为代表的儒家学派，有以老子、庄子为代表的道家学派，有以孙子、孙膑为代表的兵家学派，有以商鞅、李斯为代表的法家学派，这些形形色色、自成一派的不同学说交相辉映，互相碰撞，迸发出灿烂夺目的思想火花，共同奠定了我国雄厚辉煌的思想文化基础。学者们著书立说，呈现出气势恢宏的学术盛况，同时将读书这一观念深深根植在国人血脉之中。

再来看我国古代的科举制，从隋炀帝时期设立的进士科奠定科举制度的雏形，进而到了唐朝设立的一系列乡试、会试、殿试，这个在我国古代经历了隋朝、唐朝、宋朝、明朝、清朝等众多朝代更迭的选官制度一直秉承着"学而优则仕"的理念，寒门弟子们通过读书可以出人头地，改变命运。"五子登科""名落孙山""范进中举"都是科举制度影响下所反映出的人生百态。科举尽管带有浓重的功利性色彩，但是这样的选官制度却使读书的重要性越来越深入地建立在古人心中。唐代杜牧《冬至日寄小侄阿宜诗》可以反映出古人劝诫子孙用功读书、求取功名的心态。"我家公相家，剑佩尝丁当。旧第开朱门，长安城中央。第中无一物，万卷书满堂。家集二百编，上下驰皇王。多是抚州写，今来五纪强。尚可与尔读，助尔为贤良。经书括根本，史书阅兴亡。高摘屈宋艳，浓薰班马香。李杜泛浩浩，韩柳摩苍苍。近者四君子，与古争强梁。愿尔一祝后，读书日日忙。一日读十纸，一月读一箱。朝廷用文治，大开官职场。愿尔出门去，取官如驱羊。"[1]

宋真宗赵恒留下一句家喻户晓的名言"书中自有颜如玉，书中自有黄金屋"。这句话大抵概括了古人读书的目的，中国传统文化深刻地影响着人们的价值取向与行为动机，安身立命是每一个人与生俱来需要完成的任务，读书几乎成为人们实现目标与理想的唯一途径。在这样的价值理念下甚至出现了"万般皆下品，惟有读书高"的言论。因此，像"悬梁刺股""囊萤映雪""凿壁偷光""千里借书"这些古人勤奋读书的例子不胜枚举，下文将会对我国古代的读书方法展开探讨。

二、中国古代的读书方法

本书所讲的中国古代的读书方法是一个宏观概念，其中主要包括两项内容：其一是态度问题；其二是具体方法问题。因为纵观中国古代的学习研究理念，能够看出，古人们十分重视学习态度。像"笨鸟先飞""废寝忘食""闻鸡起舞"这样反映了勤奋刻苦、孜孜不倦的学习精神的成语故事在各种教材中随处可见，深深地启迪着我们的内心。读书态度与具体的读书方法之间的关系非常紧密，拥有一个良好的读书态度是正确使用读书方法的前提和基础。从某种角度而言，读书态度也从属于读书方法之中，因此端正读书态度也是完成阅读任务、提高阅读质量和效率的途径。所以说，读书态度与读书方法是密不可分、相辅相成的关系。

（一）读书态度

1. 立志

在我国古代，读书意味着学习。我国古代的教育家在做学问时常常把建立志向和目标作为先决条件。孔子曾说过，"三军可夺帅也，匹夫不可夺志也"[2]。其含

---

① 陈光. 杜牧诗赏读 [M]. 北京：线装书局，2007：65-66.
② 孔丘. 论语·子罕 [A]. 诸子集成：第1册 [C]. 上海：上海书店出版社，1986.

义是一个军队的主师可以被夺去，但是一个普通人的志向却不能被随意改变。这句话强调了立志对于每一个人的重要性，我们所立的志向要坚定不移，不可轻易动摇。运用到读书中也是同理，在读书之前要明确自己的目标与理想，并且怀揣着坚定的毅力去完成和实现它。与孔子同时期的杰出的墨家代表人物墨子说道，"志不强者智不达，言不信者行不果"，他的主张同样突出了立志的必要性，他认为意志不够坚强的人智慧也不可能通达，而说话没有信用的人所做的事也不会有好的结果。

我国古代名人志向远大的例子不计其数。《资治通鉴》是我国第一部编年体通史。这部书耗时长达 19 年之久，它的编纂者——司马光就是一个身怀远大志向的人。司马光年幼时贪玩不爱读书，为此常常受到先生的责骂，但是在先生用心良苦的教育下，司马光决心发愤图强，立志成才。他为了改掉赖床的坏习惯就想了个法子，在睡前一天晚上喝好多的水，第二天就能被憋醒。除此之外，他还用一块木头做了一个枕头，早晨一翻身，枕头会咣当一声重重地跌落在地上，从而被惊醒，不再贪睡。晚清名臣林则徐从小就聪颖好学、志向远大。在读私塾的时候，他作为班里最年幼的学生却常常语出惊人。在一次教学中，先生带着学生们来到了山崖海边，便即兴出题让每位同学做一副对联，既要应景，包含"山""海"二字，又要直抒胸臆，流露真情实感。说罢，聪慧的林则徐便答道，"海到无边天作岸，山登绝顶我为峰"。如此年幼的他却能吟出气势磅礴、宏伟有力的对联着实令人惊叹。此后的林则徐更是秉承高远的志向，用功读书，勤奋刻苦，怀着一颗真诚炽热的爱国之心为国争光，报效祖国。

2. 勤奋

勤奋是我国古代学习的一个最为基础也最为重要的原则。唐宋八大家之首的韩愈有一句广为人传的治学名言，"书山有路勤为径，学海无涯苦作舟"。这句话被收录在《增广贤文》[①]中，这句名言道出了治学的根本有效方法，那就是勤奋加刻苦。时至今日，它都常常被用来激励学生要勤奋踏实、孜孜不倦。关于勤奋读书的重要性，韩愈的认识十分深刻。除此之外，他还留给世人许多关于勤奋用功的名言警句，诸如"诗书勤乃有，不勤腹空虚"，"业精于勤荒于嬉，行成于思

---

① 佚名. 增广贤文［M］. 杨根乔，沈跃春，译注. 合肥：安徽文艺出版社，2010：16.

毁于随"①。俗话说，勤能补拙，没有任何一个人生来就是天才，不论是谁的成功之路必定都需要披荆斩棘。

东汉著名政治家孙敬的勤奋异于常人。他读书时不知疲倦，总是把自己一个人关在家里面夜以继日学习。孙敬在学习读书时，意志力非常坚定，而且很少休息。但是看书看得久了，精神就会涣散，注意力也不再集中。为了能够保证读书的时间和质量，他想出来一个办法。古代男子普遍都会蓄发，他就将自己的头发绑起来与房屋的梁悬挂在一起，如果他读书时起了困意，悬挂在房梁上的头发就会把他拽醒，这样疼痛感就会刺激自己，从而接着继续看书。尽管这是一个人尽皆知、老生常谈的励志故事，但是细细想来，孙敬这种勤奋的精神着实罕见，令人敬佩。

《新唐书·李密传》中记载了李密勤奋读书的故事。"闻包恺在缑山，往从之。以蒲鞯乘牛，挂《汉书》一帙角上，行且读。越国公杨素适见于道，按辔蹑其后，曰：'何书生勤如此？'密识素，下拜。问所读，曰：《项羽传》。'因与语，奇之。归谓子玄感曰：'吾观密识度，非若等辈。'玄感遂倾心结纳。"②这段话的大致内容是有一次李密打听到在缑山有位学识渊博的名士叫作包恺，于是就准备前往拜访、虚心求学。他准备骑牛出发，坐在铺满蒲草的牛背上，把《汉书》挂了牛角上，边走边读。在前去的路途中，正巧被路过的越国公杨素撞见，杨素被他勤奋好学的精神所感动，连连称赞。李密看到越国公连忙下来行礼作揖。两人如同志同道合的密友当场坐在路边上侃侃而谈起来，言谈之中，李密告诉杨素自己正在读《项羽传》。杨素感觉到李密不可貌相、饱读诗书，认定他将会大有作为。回去后，他便和儿子杨玄感说道："我认为你们是无法和李密的才干相提并论的。"于是杨玄感与李密结为挚友。果然，李密从人群中脱颖而出，成为隋末农民起义军的首领。

3. 刻苦

与勤奋紧密相连的就是刻苦，读书不仅仅要有勤奋的精神，还要有能吃苦的决心。孟子在《生于忧患，死于安乐》中说道："……天将降大任于斯人也，必先

---

① 屈守元，常思春.《进学解》韩愈全集校注［M］. 成都：四川大学出版社，1996.

② 欧阳修，宋祁. 新唐书［M］. 北京：中华书局，1975.

苦其心志，劳其筋骨，饿其体肤，空乏其身……"①这段话的道理类似于现在人们经常谈到的"吃得苦中苦，方为人上人"。只有刻苦付出才会有所收获，有所成就，任何不劳而获的想法都是不切实际的。对于读书而言，同样是这个道理，没有其他捷径可言。刻苦读书就是一个量变的过程，日积月累，总有一天会实现质的飞跃。读书时要能够吃苦，敢于吃苦，才会学有所得，有所收获。

屈原是我国历史上著名的爱国主义诗人，他的作品具有浪漫主义色彩，辞藻华丽，为世人所传唱，经久不衰。屈原早年酷爱读书，为了能有一个安静适宜、远离喧嚣的读书环境，他丝毫不顾家人的劝解与反对，竟然跑到山洞中去读书。山洞虽然幽静，可是环境却很简陋恶劣，夏季难免刮风下雨，冬季又是天寒地冻。即使是这样艰苦的学习环境，屈原都耐得住寂寞，在洞中苦读了三年。在这三年之中，他将《诗经》反复研读，从中汲取营养，最终创作出了精美绝伦，能与《诗经》媲美的浪漫主义诗歌集《离骚》。

西汉丞相匡衡出身贫寒，家徒四壁。但是他却痴迷读书，白天出去做工补贴家用，晚上回家便抓紧时间用功读书。由于家里太过拮据，连夜里点灯的油都买不起，他只好另想主意，偷偷地在自家与邻居的墙壁中间凿了一个洞，晚上就这样借着微弱的灯光看书。匡衡所在县里有一户大户人家，听闻其家中有丰富的藏书，匡衡就选择去这家干活做工。但是与其他雇工不同的是，他却不计报酬。主人疑惑地问他原因，他说"我希望读遍主人家的书籍"。主人深受感动，于是大方将书籍借他阅览。艰难落后的条件更加磨砺人的意志，最终匡衡学有所成，并在汉元帝时期当上了太子少傅，他刻苦读书的故事也传为佳话。

4. 专注

不论何种情况下人们所遭受的失败与挫折，往往归结起来都是源于缺乏专注。专注不仅仅是一种态度，更是一种精神和一种境界。专注的人会把注意力和精力全部凝聚起来，作用到正在从事的事务上，这样有力地减少了外界因素的不良干扰，全神贯注地完成好一件事。反之，如果精力涣散，结果将会大打折扣。孟子在《弈秋》中深入浅出地给弟子们讲授了专注学习的重要性。"今夫弈之为数，小数也；不专心致志，则不得也。弈秋，通国之善弈者也。使弈秋诲二人弈，

---

① 孟子. 孟子·告子下［M］. 杨伯峻，译注. 北京：中华书局，2005.

其一人专心致志，惟弈秋之为听。一人虽听之，一心以为有鸿鹄将至，思援弓缴而射之，虽与之俱学，弗若之矣，为是其智弗若与？曰：非然也。"[1]这则故事告诫人们即使请教了再优秀的导师，作为学者个人不能够专心致志的话也不会有所收获。同样是儒家学派的代表人物荀子在《劝学》里也表述了用心专一的重要意义。"蚓无爪牙之利，筋骨之强，上食埃土，下饮黄泉，用心一也。蟹六跪而二螯，非蛇鳝之穴无可寄托者，用心躁也。"[2]心无旁骛是我们在读书时需要恪守的准则，专注的力量是不容小觑的。

董仲舒是西汉时期著名的思想家、政治家和哲学家，他所提出的"罢黜百家，独尊儒术"的战略，为汉武帝刘彻实现"大一统"的壮志奠定了政治思想基础。董仲舒的主张巩固了当时政权统治地位，有利于实现社会稳定，并且为今后封建王朝的发展做出了巨大的贡献。这样一位伟大的儒学大师在读书时代留下了为人津津乐道的故事——"三年不窥园"。相传董仲舒出生在一个家境相对阔绰的地主官僚家庭，为了给读书废寝忘食的董仲舒营造一个环境优雅的氛围，董太公决定在书房后院修建一个花园以供观赏休闲。花园的构想、设计、建造长达三年之久，但是董仲舒在这三年之内竟然从来都没有踏足花园半步。就是这样全神贯注、用心专一的读书精神给后人留下了宝贵的著作和深远的思想。

王冕是元代杰出的画家和诗人。王冕一生爱好梅花，在他的作品里大多都是咏梅和画梅的相关题材。他的画作生意盎然、遒劲有力，对于后世有着极高的鉴赏价值。这样一位优秀的画家和诗人却是靠着坚强的毅力与用心专一自学成才的。王冕幼时父亲曾让他去田埂放牛，他赶着牛儿路过了一处学堂，好学的王冕被学堂里传来的朗朗读书声所深深吸引，不知不觉地停在屋外驻足听讲。转眼一个下午便过去，等到下课时突然惊觉牛儿已经不在身边。回家不免被父亲责骂，这样的事情连连发生了几次。父母也被他好学的精神感动，最终王冕成为一位有影响力的人才。

5. 惜时

诗词不仅具有较高的文学艺术价值，其记录的内容也反映出作者细腻的精神世界和包罗万象的社会动态。因此，我们可以从诗词的角度去探寻古人对于早学

---

[1] 孟子. 孟子·告子上［M］. 杨伯峻，译注. 北京：中华书局，2005.
[2] 荀况. 荀子·劝学［A］. 诸子集成：第2册［C］. 上海：上海书店出版社，1986.

和惜时的看法。仔细搜寻，不难发现我国古代诗词中有许多劝诫人们珍惜时间、尽早学习的题材。例如颜真卿的《劝学》："三更灯火五更鸡，正是男儿读书时。黑发不知勤学早，白首方悔读书迟。"朱熹的《劝学诗》："少年易老学难成，一寸光阴不可轻。未觉池塘春草梦，阶前梧叶已秋声。"同样，孟郊也作过《劝学诗》："击石乃有火，不击元无烟。人学始知道，不学非自然。万事须己运，他得非我贤。青春须早为，岂能长少年。"这些诗词无一不在感慨时光易逝，青春宝贵。

董遇是三国时期魏国著名的儒宗，在《魏略·董遇传》中描述了他对于时间分配的看法："遇善治《老子》，为《老子》作训注。又善《左氏传》，更为作《朱墨别异》，人有从学者，遇不肯教，而云：'必当先读百遍！'言：'读书百遍，而义自见。'从学者云：'苦渴无日。'遇言：'当以"三余"。'或问'三余'之意。遇言：'冬者岁之余，夜者日之余，阴雨者时之余也。'"[①]这段话记载了董遇在读书时采用的时间"三余法"。董遇善于治学，有人就向他求教。他说把书读过好多遍之后自然就明白其中的含义了，可是求教者却苦于没有时间。董遇就阐述了自己的"三余法"，利用冬天、夜晚和雨天这些不需做农活的空闲来读书，自然就能挤出时间了。

陶侃是晋朝的名将，他为稳定东晋政权立下了汗马功劳。在他治理下的荆州"夜不闭户、路不拾遗"。但是陶侃在少时却总是贪玩，不喜用功读书，为此他的母亲非常苦恼。有一天下雨，他没有去上学，就围绕在母亲的织布机前背书。当他背到"光阴似箭，日月如梭"时感到十分困惑，随即问母亲这句话是什么意思。母亲指着来来回回不停穿梭的梭子对他说："时光流逝非常之快，稍纵即逝，就像织布机上的梭子一样。如果你不能珍惜时间，它将一去不返。"陶侃听到母亲的教导后顿时醒悟，从此发奋读书，为日后的成功打下基础。陶母也因为对儿子的循循善诱和良好教育被尊称为"贤母"。

清康熙帝在《庭训格言》中说："人在幼稚，精神专一通利，长成以后，则思虑散逸外驰，是故应须早学，勿失时机。"他还通过自身的经验对比来说明早读的必要："朕七八岁所读之书，至今五六十年，犹不遗忘，至于二十以外所读经书，数月不温即至荒疏矣。"

---

① 陈寿. 三国志［M］. 裴松之，注. 北京：中华书局，2008.

6.坚持

自古以来，我国就有许多关于坚持不懈的成语，诸如"愚公移山""精卫填海""水滴石穿""绳锯木断"……这些成语都在教导我们做事、做学问要有恒心和毅力，尽管有些时候这个目标看起来有些不可思议，但只要全力以赴、百折不挠，任何困难都会化繁为简。荀子的《劝学》中提到"故不积跬步，无以至千里；不积小流，无以成江海。骐骥一跃，不能十步；驽马十驾，功在不舍。锲而舍之，朽木不折；锲而不舍，金石可镂"[①]。荀子运用了比喻和对比的手法，生动形象地说明了积累和坚持的重要性，发人深省，催人奋进。

陈平是汉朝的丞相，他深谋远虑、学识渊博，是当时非常有名的政治家。其实陈平早年的境遇十分凄惨，没有了父母的庇佑，他只能寄宿在哥哥、嫂子的家里。陈平的嫂子尖酸刻薄、刁蛮泼辣，她总是嫌弃陈平只会看书，不能给家里帮忙干活，于是千方百计地刁难陈平。最令人愤怒的是，陈平的嫂子乘其不备将他视如珍宝的竹简当了燃料烧火。事后得知此事的大哥决定休掉这个狠心的妻子，却被陈平劝阻了下来。生活中的困难重重与百般折磨没有使他退却，他依然坚持不懈地看书汲取知识。丰富的知识储备使得陈平成为足智多谋的贤臣，为汉高祖统一霸业立下赫赫功劳。

以上所述就是我国古人重视的基本读书态度。态度与方法是紧密相连的。态度是根据人的主观感受决定的，而方法是人们在读书学习过程中不断实践所得出的客观经验与规律。只有端正学习态度才能够更好地利用方法，提高阅读效率，下文将继续介绍我国古代常用的读书方法。

（二）读书方法

想要洞悉古人的读书方法首先要明确古代的人究竟读的是什么书。古人看的书从主流而言大致分为两种：一类是蒙学；一类是儒家经典。我国古代的启蒙读物，历史悠久，流传很广，影响很大。远在周秦汉魏时期，我国就有儿童启蒙读物，如《仓颉篇》《史籀篇》《急就篇》《劝学篇》等。我国古代通行蒙学教本俗称"三百千千"，即《三字经》《百家姓》《千字文》《千家诗》等，大多为宋人编

---

① 荀况. 荀子·劝学［A］. 诸子集成：第2册［C］. 上海：上海书店出版社，1986.

撰或改订，在宋代已广为流行，是蒙学的主要课本，而蒙学至宋代则日益完备①。另一方面，从隋唐到明清时期，科举制度的确立更加促使儒家思想成为我国的主导传统文化。十三经几乎占据了古代教育的全部内容。科举制的创立对学校教育产生了极大的影响，对学校教育的培养目标、教学内容有直接的影响（学校的培养目标就是科举及第的才子，教学内容就是科举考试的内容），确立了封建社会的教育体制。科举制是统治阶级选拔人才的重要手段，也是封建教育的核心。可以说，科举制在一定历史时期一定程度地维系着儒家的文化价值，同时也维系着中国的传统主流文化②。

1. 诵

本书所指的诵包含两层含义：一是诵读；二是背诵。当然，诵读是背诵的前提，背诵是诵读的目的。为什么我国古代如此注重吟诵的重要实践意义？追根究底是因为吟诵符合古诗文的特征，汉语是旋律型声调语言，吟诵不仅有旋律、节奏、结构，而且有声音之高下、强弱、长短、清浊，这一切都是用来表达理解的。因此说，吟诵是学习古诗文最为恰当、有效的方法。

曾国藩在《家训》中说过："凡作诗最宜讲究声调，须熟读古人佳篇，先之以高声朗诵，以冒其气；继之以密咏恬吟，以玩其味。二者并进，使古人之声拂拂然若与我喉舌相习，则下笔时必有句调奔赴腕下，诗成自读之，亦自觉琅琅可诵，引出一种兴会来。"简单来说，曾国藩介绍了两种朗读的方法，一种是高声朗诵，一种是低头浅吟。不管是哪一种方法，都需要反复练习，首先体会出文章的气韵，然后领悟到用词、构造文章的精妙，积累达到一定数量，自然而然就能够进行创作。此外，曾国藩还十分推崇"涵泳"的读书方法。曾国藩在给儿子的家书中说道："涵泳者如春雨之润花，如清渠之溉稻……泳者，如鱼之游水，如人之濯足……善读书者，须视书，而视此心如花、如稻、如鱼、如濯足，庶可得之于意之表。"③他把反复品味书籍比作春雨润花、清渠灌稻、鱼儿游水、流水濯足。这样惟妙惟肖、生动恰当的比喻强调了诵读时的专注。崔学古在《幼

---

① 李维石. 中国古代蒙学的阅读策略［J］. 图书馆，2007（4）：136–139.
② 吴莉. 科举制对中国古代教育的影响［J］. 西南民族大学学报（人文社科版），2005（5）：354–356.
③ 曾国藩. 曾国藩全集：家书［M］. 长沙：岳麓书社，1985：1333.

训》中对诵读书的要求比较具体："毋增、毋减、毋复、毋高、毋低、毋疾、毋迟。"不仅要求读者在读书时语言流畅，表达准确，另外要求语速得当，最后还需要有充沛饱满的感情。

不论是蒙学还是儒学的内容，背诵学习都是我国古代传统的教育理念中最基本和主要的方法。古代检验学习成果的手段就是背诵，我们常常能在各种影视作品中看到一群稚子摇头晃脑地跟着先生背诵经文，这也从侧面反映出古代的教育方法和教学理念。背诵原文有利于增强记忆力，加深理解力，提高学习效率。荀子也说读书应当"诵数以贯之"（《劝学》）。唐代大文学家、教育家韩愈在《进学解》中谈他自己读书"口不绝吟于六艺之文，手不停披于百家之编"，"焚膏油以继晷，恒兀兀以穷年"。白居易也谈他读书竟至"口舌成疮"[①]。朱熹曾经说过"凡读书……须要读得字字响亮。不可误一字。不可少一字。不可多一字。不可倒一字。不可牵强暗记。只是要多诵遍数，自然上口，久远不忘"。书诵读的次数多了，自然会朗朗上口，在人的脑海中留下深刻的印象，不会轻易消失。此外，孙洙对《唐诗三百首》的题词有这样一句，"熟读唐诗三百首，不会吟诗也会吟"。这句话充分肯定了背诵的意义，通过背诵记忆的方法将他人的知识转化为自身内在的力量，这是一种十分明智的学习方法。

2. 录

除了诵读以外，抄录也是古代读书的一种主要方法。抄录是根据当时的学习条件和环境应运而生的。在印刷术没有普及的年代，人们十分重视抄录。古人说过，抄录书籍有三益：易于记诵、矫正讹误、练笔习字。古人抄书首先是为了能够将原文记录下来，反复研读，有利于加深印象和学习背诵。明代学者张溥将自己的书斋命名为"七录斋"，起因是他自幼天分不佳，记忆力较差，他就把每一篇阅读的文章边抄边记忆，反反复复抄录七次。功夫不负有心人，张溥最终写出了《五人墓碑记》等名作。旧时的学习条件有限，不是人人都可以买得起书，把书借来抄录就成了常用的学习方法。正如清人袁枚在《黄生借书说》所言，"那借来之书，今日存，明日去，吾不得见之矣"，"故有所览，辄省记"。在抄书的

---

① 王振中,吴茨明.我国古代教育家论学习方法[J].河南师范大学学报(哲学社会科学版),1985(2):93–100.

过程中还可以练习书法，居北宋四大书法家之首的苏轼就曾经抄录过《汉书》，他的书法成就与习惯抄录是息息相关的。另外的一个目的就是为了收藏，有些孤本或者稀缺之书就会抄录一份，等同于现在的复制。

中国是一个极其重视家庭教育的国家，历代的家训正是在这种文化氛围中传承下来的文化遗产。在历代家训中，包含丰富、精彩的阅读观。中国传统的读书人往往根据自己的读书实践，从读书活动的客观规律出发，总结出普遍适用、可资借鉴的读书方法，并在家训中充分表达，倾囊相授，以期对家族子弟的读书生活给予指导和帮助[①]。例如，清代名臣李光地在《摘韩子读书诀课子弟》中教诫道："凡书，目过口过总不如手过，盖手动则心必随之，虽览诵二十遍，不如钞撮一次之功多也。况必提其要，则阅事不容不详；必钩其玄，则思理不容不精。"[②]他告诫子弟们，用眼睛看和用嘴巴读都比不过用手抄录一遍，用手抄录的同时内心也跟随着记忆，即使阅读二十遍都没有抄一次的功劳有用。他充分肯定了读书要勤于动笔，有益于深化理解，提高学习效率。郑板桥在《谕麟儿》一信中说："阅书时见有切于实用之句，宜随手摘录"，并指出"若能分门别类，积成巨册，则作文时，可作材料，利益无穷也。"郑板桥告诫自己的孩子在读书时看到有用的话语要随手记录下来，如果能够将摘抄材料分门别类地进行整理，日后写作文章之时就会受益无穷。宋代教育家吕祖谦要求学生"日记所习于簿"，"凡有所疑，专置记录"。在明清时的一些著名书院里，学生都备有札记本，或抄录精要，或记读书心得体会，或写出疑问，定期交老师批阅。动手抄录和做笔记，不仅能加强记忆，而且能促进学生的独立思考，提高学习效率[③]。

3. 疑

在读书中学会存疑是一个良好的习惯。提问的过程就是思考的过程，有利于锻炼脑力，更加充分理解所学内容。提问同时可以查漏补缺，在质疑的过程中发现自己的不足，进而得到提高。多提问题还能拓展思维方式，实现创新。我国古

---

① 张怀涛. 耕读传家有义方——感悟中国传统家训中的阅读观［J］. 图书馆理论与实践,2015（5）：5-8.

② 李国钧. 清代前期教育论著选（中）［M］. 北京：人民教育出版社，1990：165.

③ 王振中,吴荻明. 我国古代教育家论学习方法［J］. 河南师范大学学报（哲学社会科学版）,1985（2）：93-100.

代教育普遍认可在学习中提问的重要性，因此非常鼓励学生勇于提问。

《尚书》中说："好问则裕，自用则小。"①意思就是遇到疑问能够多向人请教的，学识就会愈加渊博，而刚愎自用，自以为是则不会做成大事。获取知识的一个重要途径就是多问，我们都知道，孟子把为学称作"学问之道"。"学问之道"把学习和提问两个概念结合在一起，共同组成了一个形容治学的行为。孔子说过，"敏而好学，不耻下问"。他不仅仅这样教导弟子们，就连他本人也如他所言，身体力行。《论语·八佾》中记载着这样一件事："子入太庙，每事问。或曰：'孰谓鄹人之子知礼乎？入太庙，每事问。'子闻之，曰：'是礼也。'"孔子学识渊博，精通周礼，可是他来到祭祀周公的太庙里却是每件事都要请教别人，有人对他的行为提出了质疑，孔子却回答道自己不明白向人提问就是礼。读书时要多向老师提问，表达自己独到的见解，勤加思考。朱熹曾经谈论过关于读书时存疑的阶段和特征。"读书始读，未知有疑，其次则渐渐有疑，中则节节是疑，过了这一番后，疑渐渐解，以至融会贯通，都无所疑方始是学"②。这段话讲述了这样一个过程，开始读书时不知道会有什么疑问，渐渐地疑问伴随着阅读开始显现，随着阅读的深入，问题也逐渐增加，等到读过这个阶段后，疑惑终于慢慢得到解释，所学内容也就会有融会贯通的效果了。明代何伦所在的何氏一族崇学尚文，书香传家，何氏家训与何氏家谱一道，已历经300年之久，为何氏后裔世代珍藏，且口耳相传，遵行不悖。《何氏家规》中教诫道："略有疑惑，即为质问，不可草草揭过。俟一本通贯，仍听先生摘其难者而挑问之，或不能答，即又思之，思之不通，然后复讲。"③

4. 思

思和学的关系在我国古代学术理论中有许多相关的解释和探索。子有云："学而不思则罔，思而不学则殆。"（《论语·为政》）《论语》的"为政篇"里论述了学习与思考之间的辩证关系，脱离了思考的学习将会迷惘而无所得，脱离了学习的思考将会精神疲倦而无所得。此外，孔子曾多次讲学习要"举一隅"而"以三

① 尚书. 仲虺之诰［A］. 十三经注疏［M］. 北京：中华书局，1982.
② 黄宗羲. 晦翁学案［A］. 宋元学案［M］. 北京：中华书局，1986.
③ 徐梓. 家训：父祖的叮咛［M］. 北京：中央民族大学出版社，1996：201–204.

隅反"（《论语·述而》）。《礼记·中庸》把"学思并重"的教育思想进一步发展为"博学之、审问之、慎思之、明辨之、笃行之"五个学习步骤，充分肯定了其中相辅相成的关系。孟子强调"尽信书则不如无书"①（《孟子·尽心下》）。宋代陆九渊《陆象山语录》中有诗云："读书切戒在慌忙，涵泳工夫兴味长；未晓不妨权放过，切身须要急思量。"意思是读书切勿慌张匆忙，应该要用涵泳的功夫去读，仔细用心品味鉴赏。不知道不明白的先把它放下，日后再去思考解答。苏轼送安惇的诗中说"故书不厌百回读，熟读深思子自知"，强调把"熟读"和"深思"结合起来，认为这样读书才能见效。朱熹则明确指出："大抵观书先须熟读，使其言皆若出于吾之口，继而精思，使其意皆若出于吾之心，以有得尔。""出于口"只是把握了语言的表层，而"出于心"才达到了语言的深层。从表层到深层的理解，只有通过思考才能实现。为了做到"精思"，朱熹提倡"读书有三到，谓心到、眼到、口到……三到之法，心到最急"。眼到是看，口到是读，心到首先是注意力集中，心无旁骛，同时包括思考、理解。理解又务求透彻。朱熹对此有生动的比喻："看文字须是如猛将用兵，直是鏖战一阵；如酷吏治狱，直是推勘到底，决是不恕他方得。"②王夫之说："学非有碍于思，而学愈博而思愈远；思正有功于学，而思之困则学必勤。"（《四书训义》卷六）它精辟地说明了学思结合，两者相辅相成的辩证关系。学习越广博，思考就会更加深远，同样，思考得越深入学习就会更加有动力。

第二节　中国近现代的读书方法

我国近现代涌现出了许多在事业上有所建树的杰出人物。这些杰出人物具有的共同特征是，他们都非常重视基础知识的积累，在读书方法上各有一套属于自己的"锦囊妙计"。这些人物的读书方法可以作为我们大众学习阅读的指向标，正所谓读书百法，因人而异，人们获取知识的途径和手段各不相同。下文将会继

---

① 杨璐. 中国古代教育思想特色及时代价值［J］. 科教导刊，2012（1）：19，59.
② 吴莉. 科举制对中国古代教育的影响［J］. 西南民族大学学报（人文社科版），2005（5）：354-356.

续为读者介绍我国近现代一些名家的典型读书方法，以供读者们参考借鉴。

一、梁启超的读书方法

（一）知行合一

人类获取知识的途径一共分为两种：一种是通过书本学习，另一种是依靠实践学习。梁启超对此深有领悟，对于自己子女的教育，他就十分推崇将学习与实践相结合，只有在实践中感受才能更加深刻地感悟到所学的知识。其子梁思成在准备撰写博士论文时，经过深思熟虑后把论文题目定为《中国宫室史》。在得知这个消息之后，梁启超非常赞同，他认为这个领域大有研究并且值得研究。他给儿子寄去家书，并在书中告诫梁思成，若想研究好这个课题就必须亲身实践，亲自到各个地区实地浏览考察一番，才有可能研究出学术成果。

（二）兴趣为重

对于孩子们读书学习兴趣的培养，梁启超一直尤为注重。他认为尽管每个人都有各自相关专业方向的学习，但是也要广泛接受其他方面的知识。因为许多学科之间存在一定的联系和相关性，学习的过程中可以相互借鉴，达到触类旁通、举一反三的效果。增进业余兴趣，不仅可以增长知识、开阔眼界，还可以拓展思维、启迪智慧。在梁启超的精心培育下，他的九个子女都各有所长，学识渊博，成为各自不同学术领域中的精英。梁思顺是诗词研究专家；梁思成不但是我国杰出的建筑师，他在音乐、美术方面也有不俗的造诣；梁思永是我国近代田野考古的奠基人之一；梁思礼是新中国第一代航天人、火箭系统控制专家⋯⋯

（三）中西结合

作为中国近代赫赫有名的百日维新的领袖，梁启超善于将中华传统文化与西方先进的思想融入结合。1927 年，为了加强其孩子对国学基础知识的掌握，增强孩子的国学素养，梁启超邀请到清华大学国学研究院学生到家中来给孩子们做家庭教师，为梁思懿、梁思达、梁思宁上中国古典文化课程，时间长达一年[①]。此外，他敦促子女们努力学习西方先进的科学文化知识及进步思想，做到中西兼备以适

---

① 邓九平. 谈读书：中［M］.北京：大众文艺出版社，2004.

应时代的发展和社会的需要。他全力资助子女们走出国门去西方留学，他的孩子们个个成为学贯中西、出类拔萃的出色人才。

二、鲁迅的读书方法

（一）怀疑法

鲁迅在《我要骗人》中说："中国的人民是多疑的……然而怀疑并不是缺点。总是疑，而并不下断语，这才是缺点。"事实上鲁迅自己也表示过是一个"多疑"的人，"我的'疑'是存在的"。但不管怎样说，怀疑是超越的起点，有疑才有卓见。所谓"断语"就是"结论"。怀疑既要胆大也要心细，既要思前也要想后。这就需要进一步加强研究和反省，使怀疑不至于走到邪路上去。"研究是要用理智，要冷静的"，不但研究读书，还要研究自己，也就是"改造自己"，达到"自知之明"。"改造自己，总比禁止别人来得难。"鲁迅根据"中国人总不肯研究自己"的现实，在 1931 年提出了"尤其是应该研究自己：我们的政治怎样，经济怎样，文化怎样，社会怎样"的要求。通过研究，"我们应该有'自知'之明，也该有知人之明"[①]。

（二）比较法

通过比较的方法能够得出不同事物之间共性和个性的地方。鲁迅说"比较，是最好的事情"。"只要一比较，许多事便明白；看书和画，亦复同然"。"治法是多翻，翻来翻去，一多翻，就有比较，比较是医治受骗的好方子"。鲁迅还强调，做比较的时候要找好比较的事物和评定的标准，只有找到一个合理的评判标准才能让比较对象相形见绌，得到甄别。"优良的人物，有时候是要靠别种人来比较，衬托的，例如上等与下等，好与坏，雅与俗，小器与大度之类。没有别人，即无以显出这一面之优，所谓'相反而实相成'者，就是这"。对于比较的重要性，鲁迅还将它运用到读书中来，通过比较能够将滥竽充数的书本鉴别出来，免受这些不良书籍的干扰和分心。于是，他这样说道，"我看现在青年常在问人该读什么书，就是要看一看真金，免得受硫化铜的欺骗。而且一识得真金，一面也就真的识得了硫化铜，一举两得了"。

---

① 张才. 鲁迅的读书方法［N］. 学习时报，2011–08–22（006）.

（三）思考法

除此之外，鲁迅认为读书时独立思考也很重要，独立思考能够发挥人的主观能动性，主动地观察问题，分析问题。"看看本书，自己思索，自己做主。看别的书也一样，仍要自己思索，自己观察。"另外，他还认为创作和读书一样也离不开思索，文章内容的构思，人物关系的探讨，写作手法的斟酌等无一能离开思考。"倘若写东西，便都要研究。"鲁迅认为，不论是读书还是创作，都需要平心静气地进行思考。但是在思考之前要注意观察，这就体现出了实践和躬行的重要性。如果没有前期对实际的观察，那么思考将会是毫无所用的空想，没有办法解决实际问题。鲁迅的优秀作品中刻画了许多栩栩如生、性格各异的人物，比如既善良淳朴又迂腐顽固的孔乙己，封建守旧、善良敦厚的长妈妈，令人"哀其不幸、怒其不争"的阿Q，这些典型的人物形象的塑造离不开他对于社会百态深入的观察、思考和研究。

（四）结合法

结合法就是要博采众家，取其所长。不能拘泥于一个或一类书籍当中，成为井底之蛙，在《致颜黎民》中劝导说："不过只看一个人的著作，结果是不大好的：你就得不到多方面的优点。必须如蜜蜂一样，采过许多花，这才能酿出蜜来，倘若叮在一处，所得就非常有限，枯燥了。"鲁迅在《致董永舒》信中说："但不可专看一个人的作品，以防被他束缚住，必须博采众家，取其所长，这才后来能够独立。"当然，吸取别人长处和优点的最终目的是提高自己，塑造自己。学习和借鉴不是为了照搬过来，而是为了创新。就像站在巨人的肩膀上一样，是为了借助外力让自己看得更高、更远。

三、巴金的读书方法

巴金的读书方法就叫回忆法。所谓的回忆法，就是静坐下来用心回忆曾经读过的书籍。巴金说过，在十年"文革"时期，一些反动分子把他的书籍封存起来，不让他翻阅，但是允许他写日记。他的日记本里写满了密密麻麻的书名，不知道的人一定十分困惑，因为在当时的情况下没有地方可以供他读书。巴金自己解释其实是他自己将这些曾经阅读过的书籍写下来，默默在脑海里重温。运用回忆法读书可以将过去学过的知识点再次唤醒，印象更加深刻。此外，不断回忆旧的知识点还会得到新的不同以往的理解，这儿就是"温故而知新"的道理。

四、华罗庚的读书方法

华罗庚创设的读书方法叫作"厚薄"读书法，使用这种读书方法包含了两个动态的学习过程。第一步是"由薄到厚"，意思是在读书的时候要怀着严谨端正的学习心态，对于书中所讲的概念、理论应该搜集大量资料进行查阅，不仅要把知识点搞明白、弄透彻，还要把知识面尽可能地拓宽。这样一来，学习的内容就不只局限于书中内容，相关的知识点也得到了学习，书就"由薄变厚"了。第二步是"由厚到薄"，在这个过程中，需要读者将所学内容完全理解、消化和吸收。要能够分析出文章的主旨和精髓，抓住实质与核心，把握整体，做到融会贯通。经过提炼和浓缩后的文章只剩下简明扼要的中心部分，读者只需掌握中心就能够将一本书吃透，这就是读书"由厚到薄"的过程。

读书百法，因人而异，因书不同。本书无法将所有读书方法一一罗列，故而选取了一部分典型的我国近现代杰出人物的读书方法以供读者参考，更多的读书妙招有待于读者进一步了解与学习。

第三节　国外的读书方法

国外对于阅读的认识是逐渐深入与趋向于科学的。20 世纪四五十年代，阅读仅仅被认为是简单的接受信息的行为，近几年来，人们对于阅读的定义和理解变得越来越广泛和深刻。现在阅读行为更多的是与精神活动联系在一起。奥地利学者里查德·巴姆贝尔格阐述了阅读的本质："阅读首先是一种感觉的活动，人们通过视觉器官认识了语言符号，这些语言符号反映到大脑中转化为概念，许多概念又组合成较大的概念，然后发展为更复杂的思维活动如联想、评价、想象等。"

一、按阅读目的划分

国外对读书方法的研究非常重视与阅读目的相联系。英国语言专家 T．D．约翰逊在《阅读的教与学》一书中开宗明义地指出："自从阅读随着读者的意图而变化的问题提出来之后，在给阅读下定义的时候，就必须考虑读者的目的了。"美国 J．W．阿普斯在《学习技巧》一书中也指出："学生和其他读者所具有的普遍错误之一就是他们都以同一种方法去阅读各种不同的资料。"根据已有的日本、美国、奥地利等国语言教学界的研究资料，可以看出，阅读因阅读动机和读物性质的不同有以下不同的阅读方式[①]：

（一）探测性阅读

探测性阅读是指读者有目的地为了寻找某些信息和资料，或者是为了掌握文章的主旨和观点而使用的阅读方式。读物的内容涉及广泛，可以是完整的书本、文章和任何报纸杂志，等等。探测性阅读需要读者具有快速浏览和寻找信息的能力，能够精准迅速地查找到目录、出版说明、编目数据、作者简介、章节标题等信息。

（二）消遣性阅读

消遣性阅读没有什么具体可言的阅读目的，只是信手拈来，随意泛览。读物内容涉及广泛，有可能是大部头的经典巨著，也有可能是短小精悍的书报杂志，或者是每日更新的新闻百态。当今社会发展形势下，通过手机、平板电脑等电子设备进行消遣阅览的行为越来越盛行，人人几乎都成为消遣阅读的主体。

（三）理解性阅读

理解性阅读用于比较深入的学习和研究。使用这种阅读的目的是读者为了学习某个具体的问题或是某种专业的知识，读者需要仔细地对读物做到充分理解。理解性阅读常用于学校学生、公司职员、专业研究人员等领域，这种读书方法不仅要求读者对文章内容的字、词、句、篇、章都做到准确把握，还需要对文章内容的结构脉络、内在逻辑等深层次的信息做到了如指掌。

---

① 张在仪. 国外语文阅读教学探析［J］. 山东师范大学学报（人文社会科学版），1997（1）：106–109.

（四）评价性阅读

评价性阅读就是要对某本读物做出一定判断比较或者将读物推荐给他人的一种阅读方式。评价性阅读的读物是提前指定的读本或者是需要做研究的相关资料。这种阅读方式的前提是理解性阅读，因为只有基于完全理解的情况下所做出的评价才是公正客观、具体准确的，才具有参考价值。评价性阅读能够为他人做出一定的阅读导向，是一种具有主观倾向的读书方法。

（五）创造性阅读

创造性阅读主要适用于写学术论文和研究报告。所要查阅的资料是与撰写内容相关的书籍、期刊、文章，等等。创造性阅读与上述读书方法最大的不同之处是读者成为研究的主体，需要发挥读者的主观能动性和合理的创造性。读者在阅读完之后需要提出自己独到的见解，并进行整理研究从而得出一定的结论。

二、按教育模式划分

在国外的阅读教育活动中对于读书方法也有一些分类。本书大致分为以下四类向读者介绍。

（一）兴趣式

最早对兴趣在阅读中的作用做出关注的是美国教育家杜威。杜威认为，"兴趣与努力是有区别的，是兴趣而不是努力导致了更深层次的学习"[1]。兴趣是阅读的根本动力所在，读书兴趣可以提高读者的阅读积极性和学习的主动性。有这样一句谚语叫作"兴趣是最好的老师"讲的就是这个道理。此外，兴趣还可以提高读者的注意力和书本学习持久力。毛姆是英国著名的小说家，他认为不论一本书是好是坏，如果你对它没有足够的兴趣，那这本书对你而言就是毫无价值的。

（二）批判式

批判式阅读也是国外教育活动中提倡的一种读书方法，批判行为增强了读者独立思考的能力，是一种合理的、反思性的思维活动。批判性思维最早起源于西方哲学家苏格拉底，他所提倡的批判性思维是具有客观的、求真的、开放的倾向，

---

[1] Dewey J. Interest and effort in education [M]. Boston: Houghton Mifflin, 1913.

是一种探究性的质疑思想。批判式阅读认为阅读并不仅仅是一个心理认知过程，而且具有社会性，是读者、文本和作者三方面的社会交互活动。批判式阅读强调读者的积极作用，认为读者在阅读过程中不应该被动接受文本信息或者作者观点，而是对所读材料进行分析、鉴别评价[①]。伍尔芙在读书时常常会做出自己的比较和判断，对于一部书，她会选择用批判性的眼光去审视，对此她生动地将读者角色比喻为"朋友"与"敌人"。当朋友时就要发现书本的优点与特色，当敌人时则要指出不足之处，提出个人的意见和观点。

（三）引导式

苏联著名的教育家列·符·赞可夫反对阅读教学中的程式化做法，主张采用引导的方法，去激发学生创造性的因素。他认为在阅读教学中，不应该把学生当作像容器一样的东西，而老师只是刻板地把知识像液体一样灌输进去。赞可夫提出老师应该向学生实施引导式的教育理念，一步步地提出问题并指出方向，让学生依靠自身的理解力和判断力去获取知识。

（四）拓展式

国外的阅读教学相较于国内的另一个明显特征是普遍重视课外阅读。很多学校内都设置了"教室图书处"，此外国外的高校图书馆、公共图书馆等图书馆设施相对都比较完善。学校的学生通常被要求查阅大量的课外知识以扩展自身的知识面，而且国外的教学与国内区别很大，国外的老师不会给学生详细地讲授某一个具体概念，学生们只能去翻阅相关知识和书籍。在这个自学的过程中，学生的知识结构和知识储备得到了扩展，增长了见识。

第四节　中外读书方法比较

思想文化与社会意识形态的不同造就了中国与西方国家思维模式和读书方法的差异，但又因为同是学习之道，因此也就存在着一定的相同之处。本节将对中

---

① 顾静. 国外阅读理论发展对我国大学英语阅读教学的启示［J］. 疯狂英语（教师版），2014（3）：88–91.

外读书方法做以比较。

　　总体而言，将古今中外的各种读书方法归纳对比，共同之处就是大致分为两个方向：一是专精；二是广博。专精指的是集中精力，用心一志。不仅要选好书，读好书，而且在读书时要肯下功夫，仔细研究，做到精深。广博就是要把阅读范围尽可能地拓展，不拘泥于一类书籍，学会广泛吸收，博采众长。专精与广博存在着相互影响的辩证关系，广博是精深的基础与前提，精深是广博的目的和最终归宿。离开广博只追求精深可能会陷入"浅"，离开精深只追求广博可能会陷入"杂"。我们读书的最终要求和目的就是要兼顾广博与精深，掌握两者的尺度，要精博结合，博而不滥，精而不偏，精读为本。

一、专精

　　著名学者梁启超指出："每日所读之书，最好分两类：一类是精读的，一类是涉览的。"著名国学大师胡适指出："读书有两个要素：第一要精，第二要博。"他进一步论析道："理想中的学者，既能博大又能精深。精深的方面，是他的专门学问。博大的方面，是他的旁搜博览。博大要几乎无所不知，精深要几乎惟他独尊，无人能及。……这样的学者，也有一比，比埃及的金字三角塔。"[①]反观国外的读者，同样也很重视专精。在当时的德国，一般学校内设置的课程有许多，学生们并不一定能够完全接受。歌德主张对于每一门具体学科都要专一用心地学习，他生动幽默地提出了自己的见解：一个人不能骑两匹马，骑上这匹，就要去掉那匹。

二、博览

　　鲁迅认为，读书"必须如蜜蜂一样，采集过许多花，才能酿出蜜来，倘若叮在一处，所得就非常有限，枯燥了"。鲁迅在读书时，主张博览群书。他在年轻时，除规定的功课之外，天文地理、花鸟虫鱼之书，无所不读。苏联作家高尔基也是广博阅读的代表。由于高尔基早年生活穷困潦倒，漂泊无依，曾经当过面包工、搬运工、学徒等。因此他非常珍惜能够看到书的机会，只要有书看，不管是好

---

① 邓九平. 谈读书：中［M］. 北京：大众文艺出版社，2004.

书还是坏书，他都如饥似渴般阅读。马克思是博览群书的巨人，据相关资料研究，他所涉猎的学科包括哲学、经济学、法律、历史、数学、物理、化学、农学、生物学、解剖学等竟多达十余种，并且其中的众多学科都进行过系统深入的研究，着实令人震惊。高尔基的阅读也十分广泛，他认为这种读书方法并没有什么不好，通过泛览比较才能够提高自己辨别高下、分清良莠的能力。他认为"正派的书固然好，坏的魔道书也好，念得越多越好，要把所有的书都念过，才能找到好书"。

三、中外读书方法的不同之处

（一）中国注重勤奋和记忆，西方注重启发与思考

中国的应试教育文化根深蒂固，属于较为保守的规范化模式的教学。与此同时所带来的阅读理念比较注重勤奋钻研和强化所学知识的记忆。如同前文所提到的"凿壁偷光""悬梁刺股""囊萤映雪"的成语典故都能反映出国人勤奋刻苦的学习态度和以背诵为主的阅读方式。在中国的教育传统中，背诵往往是检验学习成果的有效手段。对比国外，西方的阅读文化更加自主和自由，他们所采用的是基于个人的自由主动式阅读与教师的启发式教育相结合的读书方法。如古希腊著名学者苏格拉底创立了一套独特的阅读教学法，人们称之为"苏格拉底方法"，他本人则称之为"产婆术"。他母亲的产婆术是为婴儿接生，而他的"产婆术"阅读教学法则是为思想接生，是要引导人们在阅读和学习过程中产生正确的思想[①]。苏格拉底在教学的过程中不会主动教授学生某一具体概念，而是使用一种"诱导"的方式来进行。首先是根据阅读内容提出问题让学生作答，然后不会直接告诉学生答案的正误，而是继续发问引导学生做出深入的思考，从而环环相扣，一步步接近正确的答案和理论概念，这种循循善诱的教学方法与中国传统教学理念的直接灌输式教学有很大的差异。

（二）中国注重理解，西方注重创意

中国的读书方法中比较注重对书本内容和知识结构的理解，所谓"书读百遍，其义自见"指的就是这个道理。国人对于知识的学习倾向于"就学而学"，关注

---

① 朱振宁. 中西方高校阅读文化的差异及其成因研究［J］. 现代商贸工业，2012（12）：133-134.

的是知识本质和深层次理解。为了发掘书本的内在含义，我们会从不同角度、各个层次逐一分析比较。尽管对于基础知识掌握得非常扎实，但是中国学生们在读书思维上容易受到所学知识的局限和束缚，鲜有创意。而西方的侧重点却有所不同，西方大学把阅读作为"授渔"的主要手段，要求学生在阅读后必须交流出具有个人独创性甚至是批判性的思想观点和认知成果[①]。比如在教学课堂上，老师会不断地提出问题引导学生从更加广阔的角度去进行思考分析，并且要求学生们不得教条地重复所学内容，要提出独具个人思想的观点。学生还被要求对书本内容提出质疑，找出读本的缺点和不足，并试图去完善和修正它。此外，在学校的课堂研讨会上，学生之间要彼此辩驳争论、各抒己见，有时也可以挑战老师的观点。在这种头脑风暴式的学习模式中，学生们的创新能力与日俱增。

---

① 朱红叶. 重建中国大学阅读文化——中西方大学阅读文化的比较与思考 [J]. 图书馆论坛，2012，32（2）：170–174.

第二讲

各类型读书方法

第一节 确定阅读需求与层次

读书需要讲究方法，正如《论语·卫灵公》中所说："工欲善其事，必先利其器。"不同的阅读需求及阅读层次决定了读者应该采用恰当的多元的读书方法以达到事半功倍的阅读效果。人的一生几乎都与阅读相伴，青少年时期由于文化及认知水平有限，大多数读物都是浅显易懂的普及读物，从阅读需求上是比较基础的识字、看图、会意等简单的阅读任务。成年时期，随着阅读能力和综合素质的提升，人的阅读需求和层次逐渐步入深层次及高水平的阶段，阅读难度和内容也会有所改变。例如，一部分人会钻研与其职业相关的专业性书籍，而另一部分人则会根据自身的兴趣爱好选择书籍，这都体现出了阅读需求的多样化。

阅读的需求从低级到高级大致有获取信息、储备知识、陶冶情操、提高修养、启迪思想等目的。著名学者王国维在其著作《人间词话》中谈到古今之成大事业、大学问者，必经过三种之境界："昨夜西风凋碧树，独上高楼，望尽天涯路。"此第一境界也。"衣带渐宽终不悔，为伊消得人憔悴。"此第二境界也。"众里寻他千百度，蓦然回首，那人却在，灯火阑珊处。"此第三境界也[①]。王国维的治学三大境界同样适用于读书的三个层次：首先要明确读书的目标与方向，了解书的大意，对书籍内容有一个整体性和全局性的把握；第二个层次是花费精力潜心阅读，要对书的内容孜孜不倦地进行研究；最后一个层次就是要专注，反复钻研才能达到融会贯通的效果。

---

① 王国维. 人间词话. 人间词注评［M］. 陈鸿祥，编著. 南京：江苏古籍出版社，2002.

《人民日报》原副总编辑梁衡将阅读分为六种基本层次和两种类型。六种层次分别是刺激需求、休闲娱乐需求、信息需求、知识需求、审美需求和思想需求，由低到高，反映人们不同的文化程度、修养状态和价值取向。阅读的两种类型分别是：消费型，为了眼前实用；积累型，为了长远和根本性的提高。其中刺激需求、休闲娱乐需求和信息需求属于消费型，而知识需求、审美需求和思想需求属于积累型[①]。毋庸置疑，读书的追求应当从低层次阅读转向高层次阅读，不断挖掘和探索书中的内涵与深度，提升自身修养与境界。但是笔者认为，低层次阅读与高层次阅读不是绝对对立的，而是不同阅读角度的分化。因此，追求高层次阅读并不意味着完全摒弃刺激需求、休闲需求和信息需求所带来的阅读体验，这是由人们的阅读目的和阅读环境所决定的。例如，有些人会在休闲时刻阅读书籍以消遣时间，有些职员或学生被要求在限定时间内把握某一书籍的内涵，而有的上班族则利用通勤时间浏览一些"信息快餐"，诸如此类的情况下，读者只能是对书籍内容有浅尝辄止的了解。

美国著名教育家莫提默·J.艾德勒最初提出了阅读层次理论，他将阅读分成四个层次：第一层次是基础阅读，主要是在小学时完成的，可以认出一页中的每一个字，知道这个句子的含义；第二层次是检视阅读，属于系统化略读的一门艺术，这一阅读层次需要在规定时间内完成阅读，知道这本书在谈什么，掌握文章架构，厘清文章脉络；第三层次是分析阅读，读者可以不限时间地理解、分析并且消化和吸收书的内容；第四层次是主题阅读，同时也是最高层次的阅读，需要读者完成从量变到质变的飞跃，提出一个书籍中从来没有提到过的主题，最终形成自己的思维体系[②]。莫提默·J.艾德勒所提出的阅读层次理论对于读书方法具有深刻的指导意义，这四个层次属于逐层递增，低层次阅读包含在高层次阅读之中。大多数人的阅读只停留在初级的阅读层次阶段，发挥自身的主观能动性，拓展并发散思维进行主题分析，与作者进行"灵魂共舞"，才算是真正的阅读。

---

① 梁衡. 读高层次的书才能改变人生［J］. 思考与运用，2006（10）：43–45.
② 莫提默·J.艾德勒，查尔斯·范多伦. 如何阅读一本书［M］. 郝明义，朱衣，译. 北京：商务印书馆，2004.

总之，根据不同的阅读需求及层次选择恰当的读书方法是进行阅读的必要准备，本书初步将读书方法分为精读、泛读和速读三种，读者可以根据自身情况选择，从而提高阅读效率，品味阅读的乐趣。

第二节　选择适当的读书方法

一、精读法

（一）精读法的内容和目的

精读法（intensive reading）指的是对书籍内容进行逐字逐句、全面透彻的阅读和理解。这种方法对于读者的要求比较高，需要读者花费大量精力对文章反复钻研，仔细咀嚼。不管从字、句、篇等微观角度，还是脉络线条、框架结构等宏观角度，都应该具有全面深刻的理解与认识。精读法适用于对阅读质量要求较高的群体。

（二）精读法的典例

精读法作为一种主要的读书方法，不同学者对其释义也不尽相同。晚清重臣曾国藩是中国近代政治家、战略家、军事家、文学家，尽管曾国藩在历史上存在较大争议，但学界普遍认为他是中国传统文化的集大成者。他出生于普通的耕读家庭却一直艰苦求学，最终创立一套读书之道。曾国藩在家书中曾说道："凡看书只宜看一种，一种未毕而另换一种，则无恒之弊，终无一成；若同时并看数种，尤难有恒，将来必不能看毕一种，不可不戒。""求业之精，别无他法，曰专而已。"[①]他认为看书的时候只适宜看一种，并且要持之以恒读完，切忌半途而废与朝三暮四。如果同时看几种不同的书，就难以坚持下去，那么最终连一本也读不完。这样的论断强调了读书时的专一与精细。他还告诫家弟，"经则专注一经，史则专注一史"，意思是不论在读经书还是史书之时，都要专一认真地阅读一本，并且

---

① 曾国藩. 曾国藩家书. 致诸弟，道光二十四年正月二十六日［M］//曾国藩全集：第二卷. 北京：中国戏剧出版社，2001，1：1149.

要做到精益求精，才能有所成就。这样的劝诫之词无一不透露出曾国藩在治学读书时"专精"的严谨态度。

我国杰出的革命教育家徐特立先生常常教导学生读书要"贵在精"。徐特立先生本人酷爱读书也十分喜欢藏书，他早年从事教学所积攒的钱绝大多数都用来买书，因此拥有较为丰富的藏书。徐特立先生的藏书内容广泛，尽管藏书众多，但他在读书时却一直恪守"精读"的标准。他说："读书时常有走马观花、狼吞虎咽、囫囵吞枣、随读随忘的毛病。不切实际地贪多，既不能理解又不能记忆。我的读书方法总是以'定量''有恒'为主。"①"定量"和"有恒"体现出徐特立先生在精读方面的两个要求。读者在读书时不要一味贪图数量而丢掉质量，看似"博览群书"，实际却并没有理解书籍的真正内涵，反倒一无所得。徐特立先生十分重视读书过程中"积累"的重要性，就是要有一颗持之以恒的内心与坚韧不拔的毅力，才能逐步参透书籍中的要领。

精读是最主要的读书方法之一，在大多数的阅读情况下我们常常需要选择精读法。精读法需要读者同时兼备耐心、恒心与细心这"三心"。从古至今，杰出的学者往往都能够游刃有余地将精读法运用到自己的学习与阅读中来。由此可见，精读不仅仅是一种优秀的读书习惯，它更意味着一种孜孜以求的治学精神。

（三）精读的具体方法

精读的具体方法大致从两个角度展开：一方面是多角度深入研读，另一方面是多次数重复研读。首先介绍多角度的精读方法。

1."SQ3R"阅读法

"SQ3R"阅读法是精读方法的典型代表，"SQ3R"阅读法是由美国爱荷华大学的罗宾森提出的风靡于欧美的一种读书方法，由于它具有较强的实用性深受中国人的喜爱。"SQ3R"是英文单词"Survey"（浏览）、"Question"（提问）、"Read"（阅读）、"Recite"（复述）、"Review"（复习）的首字母缩写。浏览指的是在学习时要先将读的书或文章的内容大致粗略浏览一遍，留下初步的总体印象。在提问这一阶段要再次阅读，不过不同于第一次阅读的是，这次的阅读更加具体和细化，

---

① 唐澜波. 教育师尊·徐特立［M］. 武汉：武汉大学出版社，2012.

并且要多加思考并提出相关问题。正式阅读时要聚精会神，多关注重点部分和关键信息点。复述就是合上书本，在脑海中重新回忆书籍内容并且尝试回答之前已提出的问题。复习是这五个步骤的最后一步，复习的时候需要将之前所经历的步骤重新回顾一遍，复习要做到彻底而全面、高效而系统。

2. 八面受敌法

宋代文学家苏轼在《又答王庠书》中介绍他的读书方法——八面受敌法。"卑意欲少年为学者，每一书皆作数过尽之。书富如入海，百货皆有，人之精力，不能兼收尽取，但得其所欲求者尔。故愿学者每次作一意求之。如欲求古今兴亡治乱、圣贤作用，但作此意求之，勿生余念。又别作一次，求事迹故实典章文物之类，亦如之。他皆仿此。此虽迂钝，而他日学成，八面受敌，与涉猎者不可同日而语也。"[①]意思就是书籍的数量犹如浩海，而人的精力却是有限的，无法全部读完，因此读书要做到精读。选择一本值得研读的好书，然后要反反复复读，不断从不同的角度进行钻研、品味，要专心致志、心无旁骛读，最终就可领悟到此书的真谛了。苏轼所强调的"每次作一意求之"就是要求在读书的时候做到聚精会神地解决一个问题，从一个层面来领悟书籍的含义，不要心存杂念。而"又别作一次"，即过段日子再重新从另一个角度去研读一遍，这样循环往复，看似迂回的方法，却能够变换角度，达到"横看成岭侧成峰，远近高低各不同"的效果。

3. 抄读法

抄读法就是对文章内容进行抄写记录。抄读法虽然看似愚拙耗时，但是却能使读者加深对文章内容的理解，增强记忆，从而在一定程度上提高写作能力。明代文学家张溥就十分喜爱抄读法进行阅读，而且他对同一篇文章的抄录竟达七次之多，于是就将自己的书斋命名为"七录斋"。明初诗文三大家之一的宋濂曾说道："余幼时即嗜学。家贫，无从致书以观，每假借于藏书之家，手自笔录，计日以还。天大寒，砚冰坚，手指不可屈伸，弗之怠。录毕，走送之，不敢稍逾约。"[②]

其实，抄读法并不是一味地要求读者将全部文章内容抄写下来，在运用抄读法的过程中需要做到具体问题具体分析。

---

① 苏轼. 苏轼文集［C］. 孔凡礼，点校. 北京：中华书局，1986：1822.
② 课程教材研究所，中学语文课程研究开发中西. 八年级语文下册. 北京：科学出版社，2011.

（1）全录法：在阅读一些篇幅较为短小精悍和珍贵难得的作品时可以进行全篇抄录以保持原文的完整性，比如诗歌、词曲、公式定理、名家手迹等。

（2）摘录法：绝大多数时候我们阅读的书籍的内容都比较多，并且我们只需要关注精彩和重要的部分，即"取其精华，弃其糟粕"，这时就适合采用部分摘录法以节约时间，提高效率。

4.诵读法

背诵在阅读的过程中占据十分重要的地位，它的具体意义及方法在下一节的篇幅中笔者会详细介绍。诵读也属于精读方法，它对于读者的要求较高，需要让读者做到眼、口、脑并用，最终使文章内容记忆在脑海之中，以此达到对文章内容深刻领悟的目的。宋代学者司马光对于诵读法这样评价道："书不可不成诵。或在马上，或终夜不寝时，咏其文，思其义，所得多矣。"意思就是看书时必须要去背诵记忆，一边朗读文章，一边思考其含义，就会收获诸多。

二、泛读法

（一）泛读法的内容和目的

泛读法（extensive reading）也叫作粗读法，是一种与精读法相对立的读书方法。它指的是在较短的时间内把书籍浏览一遍，大概把握书籍的主要内容以及各章节的框架与脉络。泛读法不要求读者精确掌握每个部分的具体细节，但与"走马观花"似的阅读不同的是，它需要读者有抓大放小的能力，忽略与主题没有重要关联的部分，迅速把握文章主旨。从另一个角度而言，泛读法要求读者进行广泛的涉猎，不拘泥于一本或一类书籍，扩大阅读范围，丰富学识，开阔眼界，从而达到融会贯通的效果。

（二）泛读法的典例

泛读法在实际读书中的应用也比较广泛。诸葛亮是三国时期最有代表性的人物，后人常常赞叹他的足智多谋、聪明绝顶。诸葛亮的神机妙算与料事如神来自于他博览群书的爱好。诸葛亮在读书时十分推崇泛读法。《魏略》记载："诸葛亮在荆州，与石广元、徐元直、孟公威俱游学，三人务于精熟，而亮独观其大略。

每晨夕，从容抱膝长啸。而谓三人曰：'卿三人仕进，可至刺史郡守也。'三人问其所至，亮笑而不言。"《魏略》中所记载的是诸葛亮在辅佐刘备之前读书时的习惯，他虽与石广元、徐元直、孟公威一同游学，但读书方法却与其他三人迥异，其他三人忙于精读，而诸葛亮则是"独观其大略"。最终其余三人官至刺史郡守的级别，而诸葛亮却位及权臣，官至蜀相，忠心耿耿辅佐刘备与魏、吴三分天下。卧龙先生的"独观其大略"就是精准快速地掌握文章大意与主旨，舍弃不重要的内容，提取关键信息与精华部分。从而广泛阅读书籍，尽可能多地吸收营养，以此达到事半功倍的效果。

诸葛亮所推崇的"观大略"读书法，受到许多文人墨客的褒奖。唐代"诗仙"李白就对这种读书方法赞赏有加，并且也亲力亲为地沿袭了这种方法。他在《秋夜于安府送孟赞府兄还都序》中写道："孔明披书，每观于大略"，于是自己也沿用此法"览千载百家之书"[①]。李白是我国伟大的浪漫主义诗人，他所作的诗洋洋洒洒、气势恢宏，为世人所传诵，经久不衰。李白的才华来源于自身的饱读诗书与广泛涉猎，正是运用泛读的读书方法使得一代才子"笔落惊风雨，诗成泣鬼神"。事实上，这种"观大略"法并不是主次不分的泛泛浏览，而是轻重有别地区别对待所读内容，把精力花在有意义的部分上，从而缩短阅读时间，提高阅读效率。

著名的语言教育家、作家刘征先生对于泛读有着自己独到的见解。对于大多数人来说，读书往往被认为是一件枯燥乏味、单调无趣的事情，而在刘征先生眼中，读书却像是春游踏青般的随意有趣、轻松愉悦。这样的阅读体验与他所运用的读书方法密切相关。刘征先生在接受采访时提到他看书时并没有给自己设定预期的目标，只是信马由缰地随意读读。有时带着目的去看书，就深入探寻；有时没有任何目的去阅读，就信手拈来一本书或一篇文章，轻松阅读一段，就是这样自由自在的读书方法有时却会给自己带来意外的收获与惊喜。刘征认为，这种看似信马由缰的读书方法也会让读者大有所获。看的书多了，人的思路与头脑自然变得开阔，有利于发散性思维的拓展，丰富读者的学识，益处良多。

泛读法是一种十分重要的读书方法，它是精读法的加强与补充。泛读法在运用的过程中往往需要注意以下几点：首先，泛读法是阅读方式的一种，它注重读

① 李白. 李白寓居安陆诗文选注［M］. 闵静，选注. 武汉：华中师范大学出版社，2008.

者对于书籍整体把握而不必要拘泥于细节；其次，尽管泛读相较于精读的阅读要求不是很高，但并不等同于浮光掠影地读书，浮光掠影式的阅读方式将会一无所获，泛读也需要读者不同程度的"有所得"，当然这要取决于读者的阅读目的与初衷。

（三）泛读的具体方法

本书而言的泛读法包含着两层含义：其一，就书籍的阅读量而言，要求阅读材料尽量广泛，博览群书，海纳百川，虽然常言道"开卷有益"，但我们在阅读之前需懂得选择书籍，选择优秀的、适合自己阅读的书籍；其二，在阅读时要不拘泥于细节，把握文章主旨与命脉，提高阅读效率，丰富知识储藏量。

1.鲸吞法

鲸吞法是一个听上去很有意思的读书方法名称。它用鲸鱼的吃食特点来比喻读书要广博。这种读书方法来源于著名散文家秦牧。秦牧的作品题材广泛，涉及天文地理、谈古论今、旁征博引，人们常常惊叹于他广博的知识从何而来，这个貌似特立独行的读书方法为我们揭晓了答案。我们都知道，鲸鱼凭借巨大的体形称霸于海洋，它在进食时是张开"血盆大口"将附近的海洋生物一吞而尽。秦牧就将自己的读书方法比作鲸吞，尽可能地广泛阅读书籍，扩大知识储备量。在读书时不拘泥于一种或一类书籍，经济、政治、法律、科技、历史、体育、美术等多个领域的书籍均要有所涉猎。只有这样才会有丰富的知识和广博的见识。"鲸吞法"是从扩大阅读量角度而言的一种典型的泛读方法。

2.多翻法和泛览法

多翻法是鲁迅先生平时常常用到的读书方法，据他的夫人许广平回忆，鲁迅习惯在工作之余随手翻阅书报。对于普通书籍，他会简要浏览一下目录或阅读几页内容；对于报纸杂志，他也会花几分钟时间过目。鲁迅个人特别讲究读书方法，"泛览法"就很受他的推崇。正如鲁迅先生自己在《随便翻翻》中所说的，"书在手头，不管它是什么，总要拿来翻一下，或者看一遍序目，或者读几叶内容"，还有在《读书杂谈》中告诫学生们，"应做的功课已完而有余暇，大可以看看各样的书，即使和本业毫不相干的，也要泛览"。对于这种泛览的读书方法，鲁迅先生认为不仅可以拓宽视野，增长见识，扩大知识面，博采众长，还能甄别出那些滥竽充数、没有营养的"坏书"。[①]

3. 不求甚解法

不求甚解从字面意思上来看是说只要求知道全文大意，不需要所有内容都一一求解。现在人们常用它形容学习时用心不专，多含贬义。而不求甚解法是东晋诗人陶渊明提倡的一种读书方法，他曾经写过一篇《五柳先生传》，文中写道"好读书，不求甚解；每有意会，便欣然忘食"。陶渊明所提倡的"不求甚解"读书法就是对于泛读法最好的阐释。他认为读书时不需要纠结于不重要的细枝末节的东西，他尤其反对把时间浪费在一些牵强附会的注解上，"不求甚解法"就是忽略掉这些次要信息，更加专注于对原文内容的理解。一些人曾经片面地误解陶渊明的读书方法，认为他的方法是走马观花式的阅读，其实并没有完全理解陶渊明的真正用意。

4. 提要钩玄法

提要钩玄法就是把文章内容中重点和关键的信息识别出来并加以标注，然后把研究的精力投入于这些重点部分中。这种方法最初是由唐代文学家韩愈所提出的，他在谈论读书方法中曾经说道"记事者必提其要，纂言者必钩其玄"，后来人们就把这种读书方法归纳为提要钩玄法。"提要"能够让读者明确文章思路，把握内在逻辑关系；"钩玄"能让读者掌握文章重点，理解其精神实质与内涵。"提要钩玄法"实质上体现出了马克思主义哲学中重点论与两点论的统一，是值得提倡的科学的学习方法。这种方法要求读者具有较强的理解能力与概括能力，能够发现文章的框架结构与逻辑关系。在运用提要钩玄法的过程中，不仅仅锻炼和活跃了思维能力，同时也有效地提高了阅读效率，让人收获良多。

三、速读

（一）速读法的内容和目的

速读法（speed reading）就是快速阅读，在有限的时间内快速、精准地阅读书籍内容，让眼睛迅速浏览并捕捉所需内容，舍弃无关信息。快速阅读不仅仅是

---

① 鲁迅. 随便翻翻［C］// 鲁迅. 鲁迅全集：第 6 卷. 北京：人民文学出版社，1991：136–147.

一项重要的能力，同时也存在技巧可言。在当前这个信息爆炸的时代，速读已经渐渐成为人们需要掌握的一项必备技能。

（二）速读法的典例

其实，速读法对于我们来说并不陌生，在我国古代就已有人精通。在古典名著《三国演义》第六十章"张永年反难杨修　庞士元议取西蜀"中就记录了古代速读高手张松一目十行、过目不忘的本领。谋士杨修见张松其貌不扬，就意欲吹捧曹操的才华并借机羞辱张松，不料反被张松识破，张松随即将刚刚阅过的近万字的《孟德新书》背诵下来，最终使杨修对张松赞赏有加，佩服得五体投地。书中记载道，松大笑曰："此书吾蜀中三尺小童，亦能暗诵，何为'新书'？此是战国时无名氏所作，曹丞相盗窃以为己能，止好瞒足下耳！"修曰："丞相秘藏之书，虽已成帙，未传于世。公言蜀中小儿暗诵如流，何相欺乎？"松曰："公如不信，吾试诵之。"遂将《孟德新书》从头至尾朗诵一遍，并无一字差错。修大惊曰："公过目不忘，真天下奇才也！"[①]张松这种一目十行、阅过即诵的本领堪称速读法的典范。因此，速读法并不能简单地与"囫囵吞枣"相提并论，如果能够掌握好这种读书方法，就能加快阅读速度，提升阅读能力，比常人拥有更为广泛的阅读量。

反观国外，许多杰出人物都能够将速读法运用得游刃有余。苏联文学家高尔基，也是具备令人吃惊的快速阅读能力的人。他看书不是从左向右来读，而是从上往下看，像下楼梯一样。后来，苏联学者研究出来的垂直阅读法，可能就与这些记载的线索有关[②]。这样的读书方法有些类似于直读法，就是当眼睛停留在书页上时，尽可能多地浏览书籍内容，从上至下地"扫射"文字，与此同时要能够抓住文章的关键词。这样的速读法需要读者保持高度集中的注意力，并且做到眼脑并用。美国最年轻的总统肯尼迪，他每分钟能阅读1200多个英文词，而一般美国人的阅读速度仅为200多个英文词。肯尼迪的阅读速度是一般美国人的五六倍。他曾提出过"平面凸现"的读书方法，即眼睛就像照相机镜头一样，可以一次阅

---

① 罗贯中. 第六十章 张永年反难杨修　庞士元议取西蜀［M］∥三国演义. 长沙：岳麓书社，2001.

② 百度百科. 快速阅读［EB/OL］.［2019–02–03］. https：∥baike. baidu. com/item/%E5%BF%AB%E9%80%9F%E9%98%85%E8%AF%BB/4921465?fr=Aladdin.

读整整一页的内容。据相关资料记载，美国许多位总统都有受到过速读的专业训练，因为他们每个早晨醒来的第一件事就是面对办公桌上堆积如山的政务文件。对于日理万机的他们而言，每一天都是在与时间赛跑。因此，在有限的时间内能够高效高质地处理国家政务是一位优秀国家领导人所应具备的能力。

事实上，速读法在实际生活中的运用范围十分广泛。随着互联网技术的日趋完善，爆炸式的信息增长速度往往让人们目不暇接，在这种新型阅读环境下，速读法的重要性越加得以体现，如果能够良好地掌握快速阅读的读书方法将会使自己受益颇多。当然，我们不能机械片面地看待速读法，快速阅读并不意味着蜻蜓点水，它是一种能够快速识别书籍中关键信息的能力，阅读效率是需要在读书过程中兼顾的重要环节。

（三）速读的具体方法

掌握速读的方法和技巧在当今社会中的重要性越来越得以体现，那么如何才能提高自身的速读能力呢？下面本书介绍了几种快速阅读的技巧。

1. 组合式阅读

组合式阅读即看书时要把词语串成一组一组读，而不是一个字一个字读。如果我们读书时把字看成单独的个体去读，阅读速读就会降低很多；相反，如果学会断句，把相关的字词放在一起，养成一串一串阅读的习惯，那么阅读速度就会加快许多。首先从两到三个字词放在一个组中开始，到最后能够一句一句地进行扫视阅读，训练得当的话，一目十行也不再是传说中的事情。与此同时，在阅读时要关注和重视能够表达句子中心含义的词语，比如一些关键性的实词（动词、名词、形容词、数词等），并且要忽略掉一些没有实际意义的虚词（副词、助词、连词、叹词）。之后要把这两种能力同时结合到一起，一边加快阅读速度，一边获取关键信息，我们就会发现阅读效率相比之前确实提高了。

2. 学会运用自己的手指

在看书时为了防止走神等注意力分散情况的发生，我们可以充分发挥自己手指的作用。用你的手指去推动自己浏览书籍内容，当你看书时，让自己的手指在字下面按照从左到右的顺序进行标识。手指就像是一个导航仪，能够给眼睛做出阅读指示，这样做的好处是能够保证我们的注意力集中，并且指明了阅读所处位置，加快了阅读速度。当然，我们也可以用一支笔或尺子来代替手指发挥指引作用。

3. 训练寻找关键词的能力

寻找关键词是一种非常有效的读书方法，在我们并没有真正阅读完一本书的时候，通过审查去寻找文章的关键词或者是我们需要的比如日期、人物、地点、原因、结果、目的等信息。你可以拿一支红色或橙色的笔帮助自己做这个审查工作，通过快速跳读去寻找和发现所需要的关键信息点并用笔将它们勾画出来。快速浏览完文章之后你会发现许多重要的信息已经被自己标注出来，这些关键词从一定程度上反映出文章的内容，有助于增加读者对于文章的认识。

4. 与表"赛跑"

在很多情况下，我们看书时并没有充分利用到表这一工具来提高自己的阅读速度。具体的实际训练技巧表现为，读者可以根据自己平时的阅读速度规定一个基础的阅读时间，例如首先阅读一篇材料同时计时，所得的这个时间就是自己正常的基础阅读时间。之后每次给自己缩短 5 分钟，在这个时间区域内保证要将同样字数和同样难度的阅读材料阅读完毕。当然，在每次阅读之后要检查自己的阅读收获，不能陷入只追求阅读速度而抛弃阅读成果的无效循环中。

总之，以上所讲的四个实用技巧能够从不同方面去帮助读者提升自己的阅读速度，好的办法需要勤加练习，最终融入自身的阅读习惯中。

第三讲

阅读步骤

第一节　明确阅读目标

一、阅读目标

阅读是一种理解、领悟、吸收、鉴赏、评价和探究文章的思维过程，是一种主动的过程，是由阅读者根据不同的目的加以调节控制的[①]。

阅读目标是指对阅读活动预期结果的主观设想，是读者在头脑中形成的一种主观意识形态，也是阅读活动的预期目的，为阅读活动指明了方向。既然是一种目标，其就有宏观和微观之分。宏观目标往往需要通过长期、有效的阅读活动来达成，其通常是长远的、抽象的大目标。建立正确的世界观、人生观、价值观，陶冶情操，修身养性，开阔视野，明白事理，培养好的阅读习惯，提高阅读能力与思考能力，构建知识体系，成为领域专家，增长智慧，提升素质等均属于阅读的宏观目标。微观目标则一般是短期的、具体的小目标。娱乐消遣、获取资讯、学习一种知识、获得一种技能、满足好奇心等均是微观目标的具体体现。但在日常阅读中，宏观阅读目标的实现往往是通过不断完成微观阅读目标，长期积累而达成的，换言之，宏观目标是由多个微观目标构成的，因此，以下内容中所提到的阅读目标均指微观阅读目标。

不同的人、不同的环境和社会处境，其所表现出的阅读目标也不尽相同。《如

---

① 百度百科［EB/OL］.［2019–02–03］. https：//baike. baidu. com/item/%E9%98%85%E8%AF%BB/2 745402?fr=aladdin.

何阅读一本书》①将阅读目标大致分为：消遣；获取资讯；获得知识。《阅读看见未来》②中则对阅读目标进行了进一步的细化，具体表述为：学习一种知识；获得一种技能；满足知识上的好奇心；满足情感、情绪需求；寻求生命的意义、人生的意义、最高的终极意义；解决人该怎么奋斗、该怎么样向上的问题。也有文章将阅读的目的简单归为：获得知识；提高个人修养；开阔视野；明白事理。以上种种，都是对宏观阅读目标的大致分类。综合以上表述，本文只将阅读目标大致分为：获得知识；获得技能；娱乐消遣；满足好奇心；满足情感与情绪的需求、指导人生（悟道）。

二、明确阅读目标的意义

如果阅读没有一个明确的目标，那将是毫无意义的事情。在阅读活动中，没有明确的阅读目标，也就是没有阅读的需求和动机，首先会造成一种现象：需要的内容没有阅读，阅读的内容没有用，浪费大量的时间、金钱与精力。其次在阅读的过程中，会造成注意力不够集中，对于阅读过的内容，没有深层次的理解与记忆，如此也会使得读者体会不到阅读的充实感与获得感，从而进一步造成阅读兴趣的减退。而没有阅读的人生将是静止不前的、苍白的。

明确阅读目标的好处很多，总结成一句话就是：帮助读者在有限的时间里做有意义的事情。有明确的阅读目标，首先在书籍选择方面就会有很大帮助，读者可根据自身需求直接选择能够满足自身需求的书籍进行阅读，节省了时间、金钱和精力。其次，有明确的阅读目标，有利于对阅读过程的把控以及阅读技巧的把握，对于阅读对象，要读到什么程度、什么地方快速阅读、什么地方略读、什么地方细嚼慢咽，能够做到心中有数，提高阅读效果和阅读效率。再次，有明确的阅读目标，将帮助读者在阅读的过程中提升专注力与阅读能力，并养成良好的阅读习惯，增强获得感与成就感，从而增加阅读的兴趣，并形成良性循环。

---

① 莫提默·J.艾德勒，查尔斯·范多伦. 如何阅读一本书［M］. 郝明义，朱衣，译. 北京：商务印书馆，2004.
② 魏甫华，瘦竹.阅读看见未来［M］.深圳：海天出版社，2016.

三、如何明确阅读目标

阅读目标是阅读主体在头脑中形成的一种主观意识形态，因此阅读目标的明确与阅读主体有着最为密切的关系，是阅读主体目标意识、阅读需求、认知能力等因素综合作用的结果。

（一）目标意识

如何明确阅读目标，首先要求阅读主体有着强烈的目标意识。目标意识，即在行动前有树立目标的主观能动性，是明确目标的前提条件。如若缺乏目标意识，即没有树立目标的意识，则明确阅读目标无从谈起。所以，我们首先要做的就是在日常的工作和生活中通过讲座、培训的方式培养和增强阅读主体的目标意识，以便进行更加有效的阅读活动。

（二）阅读需求

阅读主体的阅读需求是产生阅读活动的主要原因和前提条件，也是产生阅读目标的根源所在。要从需求出发，深刻解读阅读主体的阅读目标。依据需求诱发的原因分为内在性需求和外在性需求。内在性需求又可分为生理性需求或者精神需求，主要是由阅读主体年龄、性别、兴趣爱好、受教育程度、心理状况、人生经历等各种自身因素的综合作用的结果，具有主动性和积极性。外在性需求是受社会环境、社会流行元素的刺激，或者由别人指定，从而触发了阅读需求，主要表现为获取知识、考试、出国、就业、人际交往等功利性阅读需求，与阅读兴趣关系不大，具有被动性或者强迫性[1]。

阅读主体的阅读需求的诱因有可能是单一的，比如自身兴趣，也有可能是多种原因的综合表现。此时我们需要做的是通过谈话访问、问卷调查等方式，从产生阅读需求的诱因出发，深入了解阅读主体的需求构成，从而进一步对其阅读目标做出一个基本的判断。

（三）认知能力

认知能力是指大脑加工、储存和提取信息的能力，即人们对事物的构成、性

---

[1] 祁卓麟，白君礼，王春香，王芹，昝芳霞. 大学生阅读目的对阅读效果影响的实证探究［J］. 大学图书情报学刊，2018，36（1）：91-95.

能与他物的关系、发展的动力、发展方向以及基本规律的把握能力。它是人们成功地完成活动最重要的心理条件。知觉、记忆、注意、思维和想象的能力都被认为是认知能力[①]。阅读主体能否从其潜在阅读需求中准确提炼出具体的阅读目标，与其认知能力的高低有很大关系。阅读主体的认知能力决定了其阅读目标的层次与水平。较高的认知能力可以帮助读者高效定位和准确表达阅读目标，更有利于阅读顺利进行。

第二节　选择阅读书籍

一、选择阅读书籍的必要性

在这个飞速发展的多元化时代里，信息、文献、知识、书籍等均呈现爆炸式增长，并且载体种类繁多，阅读的途径多种多样。扑面而来的数量巨大的书籍中蕴藏着各种观点，鱼龙混杂，人们在快节奏生活的今天，无暇顾及全部，做到全面浏览。读者要在有限的时间达到自己的阅读目标，学会选择非常重要。

读者应该选择什么样的书籍呢？首先，书籍内容能满足读者阅读需求；其次，书籍有较高的品质；最后，书籍的难易程度应该与读者的认知能力相匹配。本文将这样的书籍称之为对的书籍。

读者选择对的书籍能够帮助读者高效达成阅读目标，增加读者阅读成就感，同时也会增加读者的阅读愉悦感，使读者有良好的阅读感受和体验。而读者的阅读成就感和良好的阅读体验能够激发读者阅读兴趣，有助于读者形成进行阅读的良性循环，从而形成常态化阅读。反之，会造成读者在阅读的过程中无感兴趣的内容，或者是阅读内容过于晦涩难懂，无法顺利、有效完成阅读活动，一方面造成时间、金钱等资源的浪费，另一方面也会使得读者阅读体验差，没有阅读获得感。长时间差劲的阅读体验，会造成阅读兴趣的降低，阅读活动的减少，甚至于

---

① 百度百科.认知能力［EB/OL］.［2019-01-20］. https://baike. baidu. com/item/%E8%AE%A4%E7%9F%A5%E8%83%BD%E5%8A%9B/1440086?fr=aladdin.

形成对阅读书籍的抵触情绪。

二、如何选择阅读书籍

在读者选择阅读书籍的过程中，涉及的主体有读者和书籍。读者方面，我们所能做的是综合读者阅读需求和读者认知能力来了解其阅读目标。书籍方面，我们一方面可以从书籍本身所具备的相关数据项出发，通过了解每个数据项背后的意义，来帮助读者准确、高效选择书籍；另一方面可以通过大众对书籍的认可程度，比如排行榜、评分等，来辅助选择书籍。

书名：拿到一本书，最先关注到的就是它的名称，其是一本书的内容的高度概括与提炼，是其内容主题的直接体现。书名在一定程度上可以直接表明书籍所属的领域、所涉及的学科、所采用的题材类型以及所适用的人群，比如《如何阅读一本书》的书名直接传达出其是一本实用型的阅读手册，而非一本小说，适用于所有不会有效阅读的人群。因此，在很多情况下，我们可以从中看出其与读者阅读需求的相关程度，相关程度越高，满足读者阅读需求的可能性越大，反之，满足读者阅读需求的可能性越小。

作者：一本书的作者，是其内容的撰写者，书籍内容是作者思想、情感体验、科学研究等的文字体现。作者，作为一个立体的人，不同的人，兴趣爱好、思想认识、风格特点、能力水平、擅长领域等各不相同，因此各自所呈现出的书籍内容、风格、品质各有不同。作者的眼界和才能造就了书的深度和广度，作者的风格和品格造就了其作品的风格与品质。不同作家的作品具有不同的艺术特征和创作个性，因而"风格"也不同。例如，雨果、李白等的作品大都是具有浪漫主义色彩的，杜甫的作品一般是属于豪放型的，鲁迅的作品则很多都是具有批判性的；科研著作的作者，有专业研究领域，所撰写的内容一般均是所研究领域的内容，比如袁隆平是中国杂交水稻育种专家，他的代表作《两系法杂交水稻研究论文集》和《杂交水稻育种栽培学》均是关于水稻杂交与培育的。所以，积累一定领域内的领头人、学科带头人或者是代表人物的风格等相关信息，可以在选择阅读书籍的时候，通过将作者作为检索点，帮助读者快速查找到领域内符合需求的高品质作品。

出版社：是指进行图书、图画、杂志，报纸和电子物品等有版权物品的出版活动的组织[①]。从出版类别许可来说，可以分为综合出版社和专业出版社，综合性出版社的出书门类比较多，专业出版社只负责编辑出版一定专业和门类的读物。不同的出版社，对所要出版的书籍的要求高低不同、内容侧重点不同。我们可以通过充分了解出版社的出版领域、出版方向、出版特点以及出版社的层次水平，帮助读者从出版社的角度快速筛选出与其需求相契合的书，并且为所选书籍的内容提供了品质保障。

参考文献：即撰写或编辑论文和著作而引用的有关文献信息资源。专业性的书籍，如历史、文学类、传记类的专业书籍都会在后面详细列出具体的参考书目信息，如书名、作者、出版社、版次。一本书参考文献的质量与水平对于帮助读者判断这本书的质量、查找相关或类似书籍、做进一步研究等都有一定的参考意义。

书评：即评论并介绍书籍的文章，是以"书"为对象，实事求是、有见识地分析书籍的形式和内容，探求创作的思想性、学术性、知识性和艺术性，从而在作者、读者和出版商之间构建信息交流的渠道。书评作用于读者，首先在于它把图书的基本内容介绍给读者，为读者选择图书提供参考；其次在于它点明图书的精要所在，让读者在阅读行为实施之前有一个心理准备，以使阅读具有针对性；最后在于它能为读者对所读图书进行价值判断提供参考，并向读者推荐优秀图书[②]。

书籍畅销榜：不管是线上书店，还是线下实体书店，均会不定时地推出书籍的畅销榜，也就是书籍销量排行榜，排行在前的书籍，说明其在读者群中的认可度高，较为受欢迎，也在一定程度上表明了广大读者对书籍内容和品质的认可程度。比如当当网会定期整理畅销书籍，不但包括每个月的畅销图书榜单，而且还有年度综合的畅销图书榜单。

大众评分：是网络书店中，海量用户对书籍的认可程度的综合体现。比如，

---

① 百度百科.出版社［EB/OL］.［2019–01–21］.https：//baike.baidu.com/item/%E5%87%BA%E7%89%88%E7%A4%BE/908056.

② 搜狗百科.书评［EB/OL］.［2019–01–20］.https：//baike.sogou.com/v7555257.htm?fromTitle=%E4%B9%A6%E8%AF%84.

豆瓣会依据网友的评分来评价一本书的好坏，一般来说，综合得分在 8.0 以上的书籍，都是不错的书籍，值得一读。

行家 / 专家推荐：能称之为某个领域的专家，说明其有很多关于这个行业的经验和知识，对这个领域有较为深刻和全面的理解和认识。这样的人推荐的书籍必然是其认为在这个领域内较为相关和专业的书籍，对于读者选择相关领域的书籍具有一定的参考意义。

三、图书馆在选择阅读书籍方面的具体实践

图书馆选择阅读书籍首先体现在其馆藏构建的过程中。图书馆根据其所属性质、发展目标、服务人群等构建采访标准后，其图书馆采访工作人员依据所定标准具体采访，在具体的采访工作中，采用自选、读者荐购、专家推荐等多种方式。无论是哪种方式都需要图书馆采访人员一一进行筛选，首先是通过题名、内容摘要、书评等项来判断所选书籍内容是否符合要求，其次通过出版社、作者、参考文献等项来辅助判断书籍内容的质量，从而选择其中符合采访标准的书籍作为馆藏。

近年来，在"全民阅读"活动的号召下，各大图书馆积极响应，广泛开展了一系列阅读推广活动。活动形式、种类多种多样。但在各种各样的活动中，都离不开阅读内容的选择，选择方式主要有以下几种：（1）图书馆的每期活动根据读者推荐等选择一个主题为中心，推荐馆内一定数量的优质图书吸引对所选主题感兴趣的读者来参加活动，进行线下阅读，并进行交流分享，比如北京工业大学图书馆开展的"100 悦读"活动；（2）图书馆的每期活动邀请不同的草根教师或读者等在线上或是线下进行阅读推荐或是领读一些经典著作，并分享阅读心得，比如北京科技大学图书馆的"读书天"活动；（3）定期邀请一名或多名知名作家担任主讲嘉宾，与读者分享作家原创文学作品，拉进作者和读者距离，提升阅读深度，深化阅读体验，如上海市宝山区图书馆的"书音"系列讲座；（4）组织多名专家，根据图书馆服务对象的共同阅读需求以及阅读目标，在共同研讨的基础上，给出一份阅读书单，如《清华大学荐读书目》；（5）大部分图书馆利用图书馆官方微信公众号定期推出一定的好书推荐、新书推荐等栏目作为日常工作的一部分，以

文章中精彩的片段、部分读者评价、书评等内容吸引有兴趣的读者开展阅读。

以上几种类型，虽然在形式上有所不同，但均在选择的过程中充分考虑了读者阅读需求或者目标，以及阅读内容的质量问题。所以读者在自行选择阅读书籍时，首要考虑书籍的内容是否符合要求以及书籍本身质量的高低，在此基础上，进一步根据自身情况，比如，所能灵活使用的语种或是喜欢的作者等，选择适合自己的阅读书籍。

第三节　问题设计

一、问题设计

问题设计是指在开始阅读书籍前，根据阅读对象特点以及读者需求，提出一些基础的、有针对性的问题，促进读者带着问题阅读，使得读者在阅读的过程中保持清醒，集中精神，高效达成阅读目标。

在阅读前，进行问题设计，是一个厘清阅读思路、把握阅读脉络的过程。不同的读者或者针对不同的阅读内容，所设计的问题的层次、深浅、侧重点等各有不同，读者目标、读者层次、读者状态等都会影响具体问题的设计。有效的问题设计，在阅读过程中，引导读者进行有效阅读，使读者有所收获，高效达成阅读目标，促使读者产生良好的阅读体验，长期的良性循环，不仅能够激发读者阅读兴趣，提高读者思维水平，还可以培养读者阅读的独立性和批判性。

所以，读者在阅读一本书的时候要有意识地进行问题设计，以进行有效阅读。

二、如何进行问题设计

（一）问题设计要有针对性

问题的针对性是问题设计的前提。在阅读过程中，任何问题的设计都应该围绕阅读目标，结合读者的认知水平。所设计的问题有较强的针对性，有助于读者理解概念，辨析疑难，纠正错误，完善认知结构，从而提高对阅读内容的理解和掌握。如果问题过于随意而缺乏针对性，那么就会减低阅读的有效性。因此，设计的问题应该准确、清楚，符合读者的认知特点，适应读者已有的认知水平。

（二）问题的设计要讲究层次性

所谓层次性，指的是问题里面含有各种各样的小问题，有难、中、浅，适合阅读目标的各个层面，从而形成问题链，浅层的记忆性问题可供单纯机械模仿，较深层次的理解性问题可用来掌握和巩固新知识，最高层次的问题可供用来引导读者知识的迁移和应用。

（三）问题的设计要难度适中，有启发性

如果设计的问题过于简单，不用思考就能回答，就不能激发读者的阅读兴趣，锻炼读者的思维能力。如果设计的问题过难但缺乏启发性，只能增强读者对阅读的恐惧心理，久而久之可能会形成对阅读排斥的局面。

（四）问题的设计要有开放性和探索性

所设计的问题具有一定的开放性，可以帮助读者从不同的角度，用不同方法探索问题，以培养其发散思维和求异思维。设计的问题质量的高低，不在于解答问题获取多大的实用价值和经济效益，而在于该问题在实施过程中能激发起读者的探究愿望，能让读者更深入地挖掘出问题深处的内涵，从而优化读者知识结构，提高阅读素养。

三、基本问题

不同的读者，有着不同的阅读对象，阅读目标也不尽相同，因此所设计的问题也各不相同，无法一一罗列。《如何阅读一本书》[①]中写到阅读的艺术就是要以适当的顺序提出适当的问题，关于一本书，一定要提出四个基本问题。本书认为其所提出的四个基本问题概况了一个阅读者的责任，是阅读的基本规则，能够帮助读者完成有效阅读，因此将在以下内容中对其提出的四个基本问题进行具体说明。

---

① 莫提默·J.艾德勒,查尔斯·范多伦. 如何阅读一本书[M]. 郝明义,朱衣,译. 北京:商务印书馆, 2004.

（一）整体来说，这本书主要在谈什么？即这本书的主题是什么，作者如何发展？这个问题的设置是为了让读者在阅读的过程中，在宏观层面注意把握文章整体脉络，厘清文章结构，可以帮助读者对所阅读内容有一个整体的把握。

（二）书籍的主要想法、声明与论点是什么？在一本书中，作者为了所述内容的逻辑性、科学性和完整性，往往会在所述内容中罗列多种已存在的论点或者是多种说法，这个问题的设置是为了提醒读者在阅读的过程中，注意分辨作者真正想要表达的观点以及支撑其观点的主要内容，从而更好地领会作者想要传达的内容，发现作者意图。

（三）这本书的内容是否有道理？哪些有道理，哪些无道理？这个问题的设置，是为了提醒读者在了解清楚书籍主题、作者观点后，需要做的是根据自己的知识储备、阅读内容的逻辑完整性以及有无科学依据等对阅读内容有个基本的判断，哪些是有道理的，哪些是无依据的，做到心中有数。如果读者没有这个意识，在阅读完成后，分不清楚哪些有道理，那也就失去了阅读的意义。

（四）这本书与自己有什么关系？即通过阅读这本书，能给自己带来什么，可能是一个讯息、一个知识点、一点启示，也有可能什么都没有。这个问题的设置可以帮助读者在阅读后，能从所阅读的具体内容中跳脱出来，站高一个层面，审视自己的阅读目标是否能够从中得到实现以及实现的程度，进而实现有效阅读。

第四节　阅读

阅读是阅读主体对阅读材料进行认知、理解、判断、评价、吸收和应用的复杂心智过程，是人们从事学习的重要手段与途径。

一、如何阅读

读者目的不同、阅读层次不同，通常阅读的方式也不同，本文在此选择列出的是相对较为完整和全面的一种方式，不同的读者可以根据自身情况对其中的步骤进行取舍。

第一，阅读序言，了解作者写作背景和意图。书序，又名"序言""前言""引言"，主要说明作品书籍的创作意图、编写体例、资料来源和作者情况，也可以包括对作家作品的评论，或者对其中有关问题的研究和阐发[①]。通过仔细阅读书籍的序言，可以很好地理解作者和这本书的基本信息、写作的大致背景以及写作的目的，使读者更容易准确掌握作者想要表达的意思。

第二，阅读目录，快速建立阅读框架。目录是指书籍正文前所载的目次。我们通过目录可以了解到本书的基本脉络，对其写作框架有一个整体的认识，有助于读者快速建立自己的阅读框架[②]。

第三，阅读注释，帮助理解书籍内容。注释，是对书籍或文章的语汇、内容、背景、引文做介绍、评议的文字。有些文学类和比较专业的书籍都会采取书页下面注释的方法[③]。阅读注释可以更好地帮助读者理解这本书。

第四，阅读正文。首先，通读全文，并且在阅读全文的过程中，读者需要根据自身的阅读目的、书籍类型结合已建立的阅读框架，在阅读不同的内容时，选择使用前面介绍过的读书方法，有目的、有侧重地高效完成阅读。在阅读的过程中，将重要的内容、不解的内容、感兴趣的内容或者是需要进一步研究的内容等折角，明确书中的重点内容和难点内容。其次，将书中的折页部分进行二次阅读，并在阅读的过程中，对于有价值的内容，通过画底线、标星号、编号等方式进行标识或批注，一方面可以帮助读者保持清醒与进行主动式、思考式的阅读，另一方面可以方便读者在有需要再次阅读或利用时，进行快速定位。最后，在阅读与理解的基础上，对阅读中所获取的内容进行复述，掌握重点，突破难点，并完成读书笔记。

第五，回答问题，检验阅读效果。在本讲第三节问题设计中，给出了进行问题设计的方式以及四个基本问题。读者在完成阅读后，需要做的是，用自己的语

① 百度百科 . 书序［EB/OL］.［2019–01–20］. https://baike. baidu. com/item/%E4%B9%A6%E5%BA%8F/10969201.

② 百度百科 . 目录［EB/OL］.［2019–01–20］. https://baike. baidu. com/item/%E7%9B%AE%E5%BD%95/96183?fr=aladdin.

③ 百度百科 . 注释［EB/OL］.［2019–02–03］. https://baike. baidu. com/item/%E6%B3%A8%E9%87%8A/1994725.

言简练地回答阅读前已提出的问题，一方面可以帮助读者厘清阅读思路，另一方面，可以帮助读者检验阅读成果。

第六，对于阅读过的有价值的内容，不断地进行复习，以巩固记忆，保证阅读成效。

二、影响阅读效果的因素

（一）主观方面

读者的阅读能力、阅读习惯、阅读技术以及知识积累等对于是否能取得好的阅读效果至关重要。读者能够依据自身阅读能力强弱以及自身的需求，有针对性地选择所要阅读的书籍，在阅读中针对自身弱点进行强化训练，有意识地改善自身的弱点，一步步地提升自己的阅读能力，并高效完成阅读任务。而好的阅读习惯和掌握一定的阅读技术是阅读能力与阅读效率提升的最好助力剂。

1. 阅读能力

对于个体来说，阅读活动的有效、顺利开展需要具备相应的能力。阅读能力是阅读者进行阅读时表现出来的心理特征和行为特征，具体表现为认读能力、理解能力、评价能力、鉴赏能力以及运用能力五个维度。每个维度都有不同的层次，共同决定了阅读能力。（1）认读能力：指对所阅读材料的基本解码能力，运用词汇、语法、句法等语言学方面的知识储备，辨识、感知文字符号与篇章结构，获取材料中的主要信息及基本义；（2）理解能力：在感知材料的基础上，利用已有的知识与经验，通过概括与分析、归纳与演绎、分类与比较、联想与想象等思维活动，了解阅读对象的思想内容和语言形式；（3）评价能力：能够为了特定的目的和情境需要，对阅读材料包含的思想内容、情感态度、价值观及语言形式等做出反思与评价；（4）鉴赏能力：对阅读材料所包含的美进行感受与欣赏，如品味作品中的具有表现力的语言，体味作品中感人的行为、情境和形象；（5）运用能力：指运用所读的信息材料创造性地解决实际问题的能力，如学习使用阅读材料中的表达方式，在原文的启发下创作有价值的作品，学会利用文章中的信息和含义解决生活、工作和学习中的问题[①]。

---

① 姚林群. 阅读能力表现：要素、水平与指标［J］. 教育发展研究，2012，32（Z2）：35–39.

由于读者的阅读能力的高低对其阅读效率有决定性作用，因此提高读者阅读能力就变得尤其重要了。培养读者阅读兴趣、增大阅读量、熟练掌握一定的阅读技巧、进行有针对性的阅读培训等从多种角度出发，都可以一定程度上帮助读者提高阅读能力。

2. 阅读习惯

阅读前，读者首先要有先明确自己阅读目的的意识与习惯，此习惯有助于读者高效选择阅读对象。其次，拿到一本书或者一份阅读资料后，养成在深入阅读前先对其题名、著者生平、关键词、出版社、目录等内容概览的习惯，可以对文章结构、脉络、主要思想有大致了解，可以帮助确定是否要进一步阅读，哪些内容精读、哪些略读。在阅读的过程中，要有目的、有重点地进行阅读，有意识地根据所读内容的重要程度、难易程度来调节自己的阅读速度；同时善于将自身已有知识体系与所阅读内容建立关联，一方面可以帮助理解与记忆所读内容，另一方面，有助于完善和扩展现有知识体系；将自己认为重要的、有效的、有价值的内容做标记或笔记，帮助记忆与再次高效利用；遇到不解的内容，要有在阅读的过程中寻找答案的意识；同时，要有意识地发现文章中的新观点、新问题等。在完成阅读后，进行总结、写心得体会，对所读内容有自己的观点并给出评价，并敢于质疑其中的观点或者论述，并进一步找寻论据证明自己的质疑。

3. 阅读技术

在具备一定的阅读能力后，掌握一定的阅读技术可以提高读者的阅读速度，从而提高阅读效率。

概念阅读：从文中挑选出单个概念，然后综合包含在一个或几个句子中的思想，很快理解。使用概念阅读法，不仅可以提高阅读速度，还可提高思维综合能力。

垂直阅读：又称纵向扫描法。是指在读横排版文献时，眼睛以较小振幅，沿每页书的中心设想线，由上而下垂直扫描，迅速阅读。

以写带读：就是在阅读过程中把读书与写作结合起来，将阅读中获得的知识、理论，马上用文章的形式表达出来，边读书边写作，以写带读，学以致用，能有效地提高写作水平，并且能增强阅读能力，将知识转化为技能和技巧。我国著名美学家朱光潜颇得益于这种读书方法。

内容交叉：指一个人在连续读书的过程中，感到疲倦时，可换读另一种内容的书，增强阅读效果。

（二）客观方面

1. 阅读环境

此处的环境是社会环境和自然环境的总和。环境对于读书的影响会与读者本身有很大的关系，对于不容易受到外界影响的读者来说，环境对其阅读的影响会弱一些。古往今来，在乱世、闹市、陋室等环境读书的人比比皆是，只要给他们喜欢的书，他们就能屏蔽掉整个世界，沉浸在书海中。在这种情况下，环境的好坏对于读书本身没有明显的影响。当然对于读书方法的选择，也并无影响。

然而对于易受外界环境所左右的读者来说，其所处的环境是阅读的外在重要影响因素。相比一个浮躁、嘈杂的环境，一个崇尚读书的、正面的、向上的社会环境和一个优美、静谧的自然环境显然更适合读书。读者要做的就是努力为自己创造一个良好的读书环境。在社会环境方面，读者可通过参加一些读书会，认识一些爱读书的朋友，相互分享读书心得、推荐好书，为自己创造一个崇尚读书、享受读书的良好氛围；就读书的自然环境而言，图书馆、书房、卧室等都具有安静、舒适的特点，均可成为很好的读书环境。以上的内容中，主要提倡读者在有选择的情况下，尽量选择与创造有益于读书的环境，然而有的时候，读者所处的是一个既定的嘈杂的环境，无法通过个人力量来改变，此时读者要做的就是选择通过略读、跳读即可完成的阅读内容，高效完成阅读任务。

2. 阅读时间

在这个生活节奏飞快、生活压力极大、寸光阴寸金的时代，人们疲于应付生活和工作中的琐事，有一定的空闲时间实属不易，有一定的读书时间更是成为一件奢侈的事情。而时间恰巧是进行读书活动最重要的前提和最基本的保障，所以读者的时间分配情况对读书这件事情有很大的影响。

时间可分为碎片式时间和集中式时间。对于拥有碎片式时间的读者而言，要想达到好的阅读效果，首先是要选择篇幅较为短小、内容相对完整的书籍，比如，一篇短篇小说，或者关于一个知识点的论述，可以保证在碎片式时间所阅读内容的相对独立；其次是要选择对读者自身来说难度适中，在一个短时间内可以顺利读完的书籍，以保证每次阅读的有效性；再需要做的就是概览所选阅读书籍的题名、关键词、摘要、目录等，快速确认所选书籍的主要内容、中心思想，以判断是否能满足自己的需要，如果能满足，确定哪些内容略读，哪些精读，以提高阅读效率。

而拥有集中式时间的读者，其选择更多，篇幅的长短、书籍的难易程度都不再是重要影响因素，读者需要做的更多的是明确自己的阅读需求和目的，然后选择相应的书籍即可。但是，篇幅较长、知识体系完整、前后联系紧密的书籍，更适合在集中式时间阅读。对于有虚构内容的书籍，读者有足够的时间厘清故事脉络，也能充分地体会到作品里面人物的心理感受与变化，做到身临其境，感同身受，进而达到阅读的目的；对于没有虚构内容的书籍，集中式的时间可以让读者在一段时间内对一个理论、一段历史，或者一个问题能够有全面深入的了解与掌握。

三、阅读评估

阅读不单单是一个动词，而是一个丰富的过程。在这个过程中，所涉及的评估内容是多维度的，评估主体是多元的，评估方法是多样的。进行阅读评估，是为了更清楚地认识到读者或者一部分读者群体的阅读状态、能力、需求等，其阅读评估结果对于进一步优化教育教学、出版、图书馆阅读推广等都有一定的现实参考意义。

（一）评估维度及其方法简介

关于阅读评估，本文在参考祝新华的《促进学习的阅读与评估》[①]以及周同等的《青少年阅读评价体系初探》[②]的基础上对阅读评估的维度及其方法进行简单说明。

1. 知识积累

（1）评估内容

知识积累，是对知识进行学习储备以及对知识结构进行不断完善的过程，它既包括文化知识、礼仪道德规范、处事经验技巧、社会规则等多个方面，比如，字、

---

① 祝新华 . 促进学习的阅读与评估 . 北京：人民教育出版社，2015.
② 周同，谢欢 . 青少年阅读评价体系初探 ［J］. 图书馆理论与实践，2015（6）：17-21.

词、成语、古诗词、修辞手法、表达方式、典故等基础语文知识的积累，一个人思想道德水平、文化修养、交际能力的外在表现等。

（2）评估方法

一般采用测试法。测试法的进行，可根据读者所阅读的内容，针对其中所涉及的文化知识、礼仪、处事经验技巧等方面拟题，对读者进行测试，通过测试结果来评估读者的知识积累情况。比如，《诗经》中，兼葭苍苍，白露为霜，＿＿＿＿＿，＿＿＿＿＿。通过测试结果可以看出读者阅读完经典名作后，对其中经典诗句的掌握情况。

2. 文本理解

（1）评估内容

文本理解，主要用来评估读者是否能够准确地、有创见地理解文本。包括复述、解释、重整、延伸、评鉴、创意。复述、解释、重整，所体现的是读者的还原性阅读能力，重在把握或贴近作者的写作与意图，比较客观地重现文本内容，具体表现在准确理解词句、分析与概括文本内容等；而延伸、评鉴、创意，体现的是读者的个性化阅读能力，是指在理解文本的基础上，引申意义、评鉴文本、发表个人见解等，具体表现为领悟语句隐含的含义、领会文本主旨、评鉴文本的语言与内容、提出有新意的见解等。

（2）评估方法

在评估文本理解方面，最常采用的是阅读测试，主要有三种题型：

简答题。要求读者根据文本，简要回答一些问题。如，这段文字主要讲述了什么？概括这段故事的主要内容。

填空题。如完形填空，给出已知条件，在后面的语句中空出答案以横线代替，以此要求读者填上正解。例如，文化是一个国家、一个民族的灵魂。

选择题。要求读者根据文本，选出正确的答案。例如，下列选项中的说法与文意不符的一项是（　　）。

3. 任务解决

（1）评估内容

任务解决，是用来评估读者运用所读信息解决实际问题的能力，包括信息的快速获取、合理处理与适当表达。快速获取信息，包括四个方面：一是通过略读，把文本很快看完，了解文本大意和主要内容，抓住作者思路；二是根据预定目标，进行扫读，从大量资料中迅速找到特定的信息，无关部分略去不读；三是合理处理信息，指对信息的筛选、引用、概括、推理、评论与创新；四是恰当表达信息，是指用写作、图表等多种手段表达获得的信息。

（2）评估方法

在任务解决方面，采用的评估方法依旧是测试法，但其所采用的是接近现实的问题，即现实生活中会碰到的典型的语言问题，进行真实性评估。例如，给出一则时事新闻内容，要求读者概括所读信息并引发思考：主要的信息（40字以内），引发的思考（60字以内）。

4. 阅读行为与态度

（1）评估内容

阅读行为是指读者进行阅读或持续阅读的表现。可评估内容包括：阅读方式、阅读数量、阅读种类、阅读时间、阅读频率、阅读环境、阅读习惯、是否有提问行为、是否敢于提出自己的看法、是否进行探究性阅读等。

阅读态度可以是读者对阅读材料及阅读活动的看法、好恶和行为反应的倾向。其实阅读过程中的非认知因素，对读者的阅读行为有重要影响。评估内容有：阅读动机和阅读兴趣。

（2）评估方法

关于阅读行为与态度的评估方法有很多，主要采用方法有：观察法、问卷调查法、访谈法、自我检核法、阅读态度量表等。

观察法。通常是在阅读活动中，通过记录的方式观察读者的阅读行为，比如其阅读方式是朗读还是默读、阅读时间的长短、阅读的内容是什么、是否进行过提问、是否有过发言、行为举动等。观察法更适用于阅读行为的评估。

问卷调查法。一般以问题的形式陈列阅读行为的若干要项，供读者进行选择，也可为问卷中的各项赋予一定分数，然后根据总分评定读者的表现。通过问卷的结果分析，可以对读者的阅读行为和态度有一个大致的了解。例如，PIRLS2006调查问卷包含了阅读态度的内容，集中在阅读自我认知、感觉等方面。

访谈法。是直接询问读者的具体阅读行为以及对阅读的态度，通常以问答式为主。为保证访谈的有效性和顺利进行，在访谈前，需要根据评估目的编制访谈计划，列举访谈提纲。所编制的问题应包括过滤性、开放性、是否型、理由型、强度型等多种提问类型，以保证设置问题的有效性。

自我检核法。是指根据事先建立的有关阅读行为的假设，编制相应的问题或事实陈述，让读者据此评价自己的行为表现。吴雁驰（2006）[1]曾编制了包含21项内容的阅读习惯检核表。按照不同的阅读目的和需求，采取不同的阅读速度；材料略读、提取要点等都可以是其中的检核项。

阅读态度量表。其要求读者对量表里的条目做出反应，并根据其反应进行综合判断，以了解读者的阅读态度。设计态度量表，关键在于寻找或设置一组相关联的态度语或项目，其应包括主动阅读和被动阅读两部分。Mckenna&Kear（1990）[2]编制的阅读态度评价量表被认为是目前阅读评估方面的典型工具，包括了娱乐性阅读和学术型阅读，每个态度条目下设4个程度选项，4分表示最喜欢，1分表示最不喜欢。读者完成量表后，统计其得分，总分体现读者对于阅读的态度。

---

[1] 吴雁驰. 高中书册阅读教学理论与实践［M］. 长沙：湖南教育出版社，2006：89.

[2] MCKENNA M C，KEAR D J. 1990.Measuring attitude toward reading：A new tool for teachers［J］. The Reading Teacher，43（9）：626-639.

第四讲
阅读中的关键环节

第一节　阅读与注意力——专注的力量

一、注意力集中的重要性

注意力属于心理活动的范畴，它指的是对于一定对象的指向与集中的能力。针对我们所研究的阅读行为，有哪些与之息息相关的注意力特质呢？相关性较强的特质有注意力的集中性、稳定性以及紧张性。本书重点强调的是有关注意力集中性的部分。注意力集中是指心理活动脱离其他事物，并且深入到所进行的某种事物中的能力，通俗一点讲就是专心致志的能力。在进行阅读行为的过程中，注意力对读者的心理活动起着主导和组织的作用。保持注意力的高度集中，可以大大提高阅读效率。

《奕秋》是选自《孟子》中的一个故事。"弈秋，通国之善弈者也。使弈秋诲二人弈，其一人专心致志，惟弈秋之为听；一人虽听之，一心以为有鸿鹄将至，思援弓缴而射之。虽与之俱学，弗若之矣。为是其智弗若与？曰：非然也。"孟子这则故事被选编入入语文教材中，大意是下棋高手弈秋教导两个人下棋，其中一个人注意力集中，一心听弈秋讲课。而另一个人却精神涣散，脑海里想着有天鹅要飞来，准备用箭把它射下来。尽管同样承蒙名师指导，两个人的棋术却相差甚远。是因为智力有别吗？并非如此。这则故事通过两个人学习状态的对比得出学习成果的差异，目的在于告诫人们学习时应该保持全神贯注的状态，只有注意力高度集中才能心无旁骛地获取知识。

伟大的文学家、剧作家莎士比亚为了培养自身的阅读注意力，常常会拿着书跑到喧嚣不已的闹市去读书，以此提高自己的自制能力。令人敬仰的毛泽东主席也如出一辙，在青年时代为了锻炼自己专心致志的能力，也常常跑去人声鼎沸的城门口去学习，城门口的过客来来往往，他却能够不为所动。

二、集中注意力的方法

（一）制订计划

在笔记本上列出给自己订的计划或者规定的任务清单。计划以清晰明确的表格形式呈现，易于勾画和标记。需要重视的一点是，在列出任务时，要尽可能详细和具体。将每个大项的任务逐步拆解成易于执行的小步骤，便于实施。任务越明确，完成任务的愿望就会越强烈。在完成每一个步骤之后，可以用自己喜欢的方式进行标记以示完成，如画横线或打钩。这样有助于增强执行者的自信心，同时有利于任务的进一步推进。另一点需要强调的是，确保每一次只关注一个任务，不要左顾右盼，否则容易半途而废。

（二）限制时间

提高注意力，计时是一个既有趣又有效的方式。因为往往某个人注意力的分散是由于没有压力和负担而造成的，人们认为没有时间的限制，就可以放松紧张的大脑，这就为精神涣散提供了温床。所以，我们建议读者借助钟表这个工具通过计时去约束自己的行为，警示自己在规定时间内完成一定的任务量。值得注意的一点是，在设置时间范围时，读者应该选取一个恰当的时间段，这个时间段因人而异，需要根据个人情况来进行约束。既不可太过于严苛，也不能绰绰有余，我们推荐的时间范围是稍低于读者正常完成任务的时间，这样会在一定程度上增强读者的压迫感，起到提高个人注意力的作用。

（三）定期休息

大脑作为人体神经系统的最高级部分，需要良好的休息来调整活动。大多时候，能够保证自己再次投入的有效方法就是小憩一下。医学专家研究表明，人体处于休息状态时，体内会产生一种令大脑愉悦的因子，这种因子会进一步让人的心情变得舒畅。通过休息和放松，人们能够把工作中积累的紧张和焦虑等不良情绪释放，从而保证在接下来的任务中全神贯注，高效率、高质量地完成工作。这就是人们常常说的"劳逸结合"。

第二节　阅读与记忆——书读百遍，其义自见

一、记忆的重要性

古人云："熟读唐诗三百首，不会吟诗也会吟。"这句话道破了记忆与阅读的重要关系。记忆力是人的一项基本能力，它的重要性在诸多领域已有体现。演员通过记忆才能将艺术表现得惟妙惟肖，科学家凭借记忆才能更好地进行发明创造，演讲家依靠记忆才能带给观众一场场精彩绝伦、振奋人心的听觉盛宴……记忆力强的人在学习生活中往往能够占据一定优势，记忆能力不仅仅取决于天赋异禀，经过专业训练也能够有效提升记忆能力。尽管检验阅读成果包含诸多方面，比如理解力、探究力、洞察力的提高等，但不得不承认的是，记忆输出是其中一个重要方面。阅读与记忆是紧密相连的，两者不能割裂开来。记忆是阅读的基础，也是提高阅读成果的有效方式。

茅盾文学奖在我国是具有最高荣誉的文学奖项之一，它是根据著名作家、文学评论家茅盾先生遗愿而设立的。茅盾先生一生创作了很多人民大众喜闻乐见的作品，比如《子夜》《春蚕》《秋收》《残冬》《林家铺子》等。那么茅盾先生有什么独特的读书方法吗？从下面这个故事中读者就能可见一斑。茅盾曾经工作于上海商务印书馆编译所，因为有共同的文学爱好便与附近开明书店的老板章锡琛慢慢成为知己。章锡琛告诉当时的文化名人郑振铎，茅盾可以将整本《红楼梦》一字不差地背诵下来，郑振铎感到大为吃惊并将信将疑。于是在一次的酒足饭饱之后，章锡琛请茅盾背诵《红楼梦》以助酒兴。茅盾欣然同意，给大家背诵了一段，这一背就是半个多小时都没有停歇，在座宾客称赞不已，连连叫好。由此可见茅盾先生拥有着深厚的文学积淀，这与他强大的记忆力密不可分。

巴金是我国著名的作家，他 10 岁的时候就可以将《古文观止》里的两百多篇文章背诵下来。这些经典作品被深深地烙印在巴金的脑海里，是他日后成为我

国文坛泰斗的有力基石。据巴金后来回忆，尽管儿时的他并没有完全理解文中的真正含义，但是却渐渐熟悉了文章的调子，使得他每次写文章的时候确有话说。巴金十分感谢幼年"迫使"他不停背书的两位私塾老师，虽然这样的教学方法在现在看来有些迂腐，但这些烙印在巴金脑海里的两百多篇文章确实成为他的文学"启蒙先生"。他的代表作品"激流三部曲"和"爱情三部曲"在很大程度上归功于幼年时期的文学积累与熏陶。从巴金的事例中，我们可以看出，人在年少时期记忆力充沛，这时要抓住黄金时期进行文学素养的储备才能为日后打好基础。

同样的，被誉为"东方国度上灿烂的数学明星""数学之王"的数学家与教育家苏步青也有背书的习惯。尽管他在数学领域颇有建树，但他在少年时期也常常背书。据苏步青回忆，他在上小学的时候就几乎每天背诵《左传》和《唐诗三百首》，直到初中时期，这两本书已经能够倒背如流了。背诵的过程实际上就是记忆的过程。当然，本书所讲的记忆并不只包含对文章的原文背诵，还包括对文章主旨的理解性记忆，对文章写作手法的剖析性记忆以及其他方面的记忆内容。

二、记忆的方法

记忆的方法有许多，正所谓仁者见仁，智者见智，寻找到适合自己的记忆方法才是最重要的。本书介绍几种常用的记忆方法，当然，还有更多有效的方法有待于读者继续探寻。

（一）理解记忆法

在阅读书籍的时候，常常可以运用到理解记忆法。理解被心理学家认为是通过现有的知识将所学的事物之间建立起关系的活动。理解是读书过程中很关键的一步，在阅读到没有接触过的内容时，理解能够帮助人们将已知的知识与未知的知识形成逻辑关联，从而尽快掌握书籍内容。理解需要读者对文章的内在逻辑与结构关系有所把握，理解力的提高有助于读者在大脑里更快地形成记忆，增强阅读能力。相反，囫囵吞枣和生搬硬套的记忆不能长久，大多数只是一种瞬时记忆，转瞬即逝，对于人们的学习并没有太多实质性的帮助。

（二）联想记忆法

联想记忆法的实质就是要求读者将有某种特殊联系的事物放一起，这样便于读者加深印象。特殊联系的关系包含相同、相近与相反等情况。根据马克思主义哲学理论的内容，事物具有联系的特征，联系是客观的、普遍的、多样的。举例来说，中国疆域辽阔、地大物博，包含了 34 个省级行政区，了解每个省级行政区的地图特征是人人都应具备的常识。但是每一个省级行政区的地图形状都不尽相同，究竟该如何进行区别记忆呢？这时候就能够用到联想记忆法，比如云南省的地图好像一只美丽的孔雀，并且云南省的西双版纳也盛产孔雀。而湖南省的地图就像一个高鼻子的人像，恰好联系到湖南是个人杰地灵的地方。总而言之，通过联想的方式将书籍中有联系的内容放在一起，既有利于加深印象，又有利于减轻记忆负担，因此使用联想记忆法是记忆书籍内容行之有效的方法。

（三）图像记忆法

在《最强大脑》节目中夺得世界记忆总冠军的王峰曾经在一次巡回演讲会中传授了他的记忆方法——图像记忆法，通过他在投屏上的图像演示让在场学生记住了多半所讲内容。他的图像记忆法就是将文字转化成图像并依据一定逻辑排列在一起，从而提高人的记忆力。人类常常使用左脑进行思维活动，而右脑往往处于闲置状态。由于人的右脑没有得到良好的开发，因此具有很大的利用空间。图像记忆法就是根据这种普遍存在的生理现象而提出的，如果能够把书籍中所看到的文字信息通过理解加工后转化为图像，那么记忆的效果将会事半功倍。

（四）朗读记忆法

朗读记忆法就是对照记忆内容进行高声朗读以达到记忆目的的方法。毛泽东同志在青年时期读书时就经常采用高声朗诵的方法。心理实验与实践经验均证明，朗读能够促进记忆，特别是对学习语言材料，如记忆诗词、外文单词等记忆效果较好。这是因为人在朗读时，口里发音、耳朵听声、眼睛看字、大脑思考、多种感官同时运动，增强了刺激，加深了印象，记忆自然牢固，记忆效果也非常显著[①]。许多人都表示在读书时大声朗读比默读的记忆效果要好，因此这种方法十分值得采用。

---

① 车丽萍. 记忆术——科学的记忆方法研究［D］. 上海：华东师范大学，2004.

（五）口诀记忆法

口诀记忆法是备受学生喜爱的一种记忆方法。它指的是将复杂难记的材料转变成朗朗上口、短小精悍的口诀形式。在口诀的编制过程中，不仅仅要把知识点精炼地融入进去，还要使口诀押韵、顺口，方便背诵记忆。比如人人都熟知的二十四节气歌"春雨惊春清谷天，夏满芒夏暑相连。秋处露秋寒霜降，冬雪雪冬小大寒"。短短四句共二十八个字就将一年之中所经历的二十四个节气按照顺序以及时令特征重现了出来。还有中国历史朝代歌"夏商周秦西东汉，三国两晋南北朝。隋唐五代又十国，辽宋夏金元明清。"同样也是用精简的四句话将中国的朝代更迭收入其中。口诀记忆法在我国的历史源远流长，"乘法口诀表""珠算口诀表"等就是典型的例子。

第三节　阅读与笔记——好记性不如烂笔头

一、笔记的重要性

在我国有一句家喻户晓的谚语——"好记性不如烂笔头"。这句话并不是否定记忆在阅读中的重要作用，而是强调读书时要有做笔记的好习惯。做笔记能够帮助读者加深对书籍内容的理解，形成读者自身的见解，也能训练读者的思维能力等。

杨绛先生在《钱钟书手稿集》的序言里记录了丈夫钱钟书在读书时做笔记的习惯："他做笔记的习惯是在牛津大学图书馆（Bodleian——他译为饱蠹楼）读书时养成的。因为饱蠹楼的图书向例不外借。到那里去读书，只准携带笔记本和铅笔，书上不准留下任何痕迹，只能边读边记。"[①]经过妻子的整理归纳，钱钟书的笔记大致分为三类，一是中文笔记，二是外文笔记，三是"日札"，就是他的每日读书心得和体会。钱钟书在做笔记上面花费相当长的时间，往往会等同于甚至超过读一本书的时间。钱钟书不仅藏书众多，他的笔记数量也着实惊人。据考察，他在1.5万页中文笔记中摘记了3000多种书籍，3.4万页的外文笔记中记录了4000余种书籍，而日札的数量更是多达几百则。世人皆佩服他超群的记忆力和广泛的

---

① 杨绛. 序［M］//钱钟书. 钱钟书手稿集·中文笔记. 北京：商务印书馆，2011.

阅读力，其实这与他爱做笔记的行为密切相关。

笔者认为，个人笔记的意义十分重要，它是读者与作者进行精神交流的产物，是读者在阅读书籍后思想认识的一次飞跃。

二、做笔记的方法

本书介绍几种高效的做笔记方法，读者可以根据自我的喜好进行选择。

（一）康奈尔笔记法

康奈尔笔记法（Cornell Notes）也叫作 5R 笔记法，由美国康奈尔大学教授沃特尔·鲍克发明，所以就用这所大学来命名这种笔记法[①]。康奈尔笔记法主要包括以下 5 个步骤，每一个步骤都有具体的内容和要求。它们分别是记录（Record）、简化（Reduce）、复述（Recite）、反思（Reflect）和复习（Review）。康奈尔笔记法有助于提高读者的注意力，快速掌握文章的结构内容，培养读者的阅读能力与阅读兴趣。康奈尔笔记法被美国中学生和大学生广泛使用，具有很强的适用性，而且读者比较容易掌握。

（二）思维导图法

思维导图法就是首先在文章中寻找一个能够概括主旨的中心词，然后根据文章的结构与脉络对中心词进行扩展建立二级结构，之后再根据后续内容继续延伸形成三级结构，以此类推。需要注意的是，每一级的关键词都要言简意赅，并具有概括性。通过思维导图法形成的笔记具有很强的层次性与条理性，能够让读者迅速掌握文章逻辑，将文章的脉络主旨"成竹于胸"。目前已有许多思维导图的软件应用被开发出来，比如 Mindmaster、Mindmanager、Xmind，等等，这些画图软件功能完备，极大地提高了使用者的阅读效率。

（三）颜色标记法

颜色标记法在平时的学习与阅读中有较高的使用频率，几乎所有人都或多或少接触过它。顾名思义，颜色标记法就是利用不同的颜色来对书籍内容进行标注

[①] 程亚萍. 康奈尔笔记法：深度阅读的有效途径初探［J］. 江西广播电视大学学报，2017，19（4）：67–70.

与区分。人们常常选择红色、橙色等颜色鲜亮醒目的笔来标识重点，用颜色饱和度次之的笔标注次重点，用浅色的笔标注不重要的部分。通过颜色标记法做出的笔记既直观又醒目，大大提高了读者查找信息的速度。当然，不同颜色笔的用途可以由读者自行定义，这样有利于读者更快速地辨别书籍内容，做到有的放矢地进行阅读。

诚然，不同学科有不同的记笔记方法，如理科多理论公式，文科多文字积累，每一种笔记方法也有其一定的适用范围。但更重要的是，记笔记要因人而异，因为每个人的学习方法和习惯都与众不同。在借鉴前人优秀的笔记方法之后要逐步形成适合个人的记笔记方式，从而提升阅读效率。

第四节　阅读与思考——学而不思则罔

一、思考的重要性

思考是人的大脑对信息加工的过程，思考的过程就是联系、创造的过程。读书的过程需要不断地进行思考，如果只是读书而不进行思考，那么书籍的内容就不能转化成自己的东西，并且也难以形成新的思路与体系。就像孔子所倡导的"学而不思则罔"，"罔"的意思是迷惑而无所得。没有思考的阅读就像一潭死水，失去了生机与活力，无法迸发思维的火花。

名人志士在读书时注重思考的案例不胜枚举，显而易见，脱离思考的读书没有任何意义与价值。英国著名物理学家牛顿十分喜爱读书并擅长思考。人们都熟知牛顿与苹果的故事，牛顿从掉落的苹果这一简单的现象进行深层次的思考与探究，最终发现了万有引力定律。尽管这个故事十分浅显易懂，但它却从侧面反映出牛顿善于动脑思考的特征，万有引力定律这一伟大的发现体现了思考所蕴含的强大创造力。

伟大的无产阶级革命导师马克思的座右铭是"思考一切"，从他的座右铭就可以看出马克思对于思考的认识非常深刻。马克思十分注重独立思考，因为思考是人类进行意识活动的重要方式。独立思考是马克思的重要法宝之一，他认为读书要有自己独立的思考并最终形成自己的思维体系才是学有所得。马克思将"思考一切"的座右铭践行在他的学术研究中，对于前人的理论研究，他并不是机械继承，而是经过深思熟虑之后的批判性继承，是一种"取其精华、弃其糟粕"的研究态度。马克思主义哲学就是在吸收了德国古典主义哲学——黑格尔的辩证法和费尔巴哈的唯物主义之后建立的科学的伟大经典学说。

二、思考的方法

思考的方法也可以称之为思维方式。思维方式在很大程度上取决于思维主体的差异，不同的人具有不同的思维方式，每个人的思维方式都在不同程度上受到教育背景、客观环境等因素的影响。所以说思考的方法是多种多样、千变万化的，本书简要介绍几个常用的思维方式以供读者参考。

（一）分析综合法

分析与综合是思维逻辑的最基本的方法，把分析与综合这两种逻辑方法辩证地统一起来，是人类认识长期发展的结果。分析事物的任务在于把握事物的多样性，综合的任务则是把握事物多样性的统一[①]。分析与综合两者是辩证有机、对立统一的关系。对文章进行分析是阅读需要掌握的基础条件，分析是将宏观的问题逐步拆解成微观的部分，分析可以是多层次、多角度、多领域的。而综合就是要将分析结果进行整合，进而提取重点，掌握精髓。两者一放一收、一张一弛，相互联系并共同构成了思考的重要步骤。

（二）逻辑推理法

逻辑推理法是一种科学的思维方法，由一个或几个已知的判断（前提），推导出一个未知结论的思维过程，是由前提、推理过程和结论三个部分组成的[②]。"Logic"在我国被译为"逻辑"，这一词最初源自古希腊。事实上，国人对于逻辑思维的普及程度远远不及国外，加之我国几千年传统文化的影响，造就了许多人在分析问题时运用到的往往是感性思维，而不是严密精准的理性思维。经典的

---

① 欧小威. 从抽象的分析综合法到系统的分析综合法［J］. 社会科学，1986（12）：55–56.
② 林艾芳. 初中生物教学中引导学生运用逻辑推理法构建模型［J］. 中学生物教学，2017（21）：25–27.

"三段论"就属于逻辑推理当中演绎推理的一种形式。逻辑推理是一种比较抽象的思维方式，但它具有严谨性和科学性。在阅读过程中应该有意识地训练和培养逻辑推理的能力，能够让读者的思维更加条理有序，严密科学。

（三）发散思维法

发散性思维也被人们叫作放射性思维或辐射性思维。发散思维法与聚合思维法是相互对立的两种思考方法。发散性思维指的是针对一个问题从不同角度、不同层面展开分析与探究，它为想法的形成提供了无限的可能性。发散性思维拓展了人们的思维空间，使得读者的思维不受书本的限制，极大地调动了读者的想象力，提高了读者的阅读兴趣，并且激发了人的创造力，为读者的认识带来了更多的可能性。发散性思维应该从孩童时期开始培养，因为幼年时期人的思维往往天马行空、无拘无束。一旦步入成年，人的思维方式就会定型，变得僵化并容易形成一定的固有模式，会给大脑的思考活动带来局限和障碍。

（四）因果关联法

因果关联法的适用环境十分广泛，不仅仅用于读书的思维养成，这种分析方法也常常运用到其他领域，比如经济问题的解决、气象环境问题的分析、法律案件的调查……事物的发展有因就有果，因果关系总是一一对应的，追根溯源是人类早已习惯的思维方式。具体到读书环境之中，读者应该具有善于思考、透过现象看本质的能力。因与果是相互联系的，因是果的前提条件，果是因的最终形成。因此，人们要懂得寻因导果、执果索因。

第五节　阅读与总结——构建个人思维体系

一、总结的重要性

读书的目的是什么呢？就是为了将他人先进的思想内化成自己的东西，这才是读书的真正用途。在总结的过程中进行分析研究，汲取营养，收获知识，从而提升自身的学习研究水平，构建个人的思维体系。因此，在读书中不断提炼、不断总结是读者必须掌握的能力。

二、总结的方法

（一）摘要式

摘要中的"要"即扼要、要点、重要内容，摘要式就是将文章的重点摘取出来进行记录。摘要式要求读者具有高度提炼与总结的能力，能够识别并把文章中的重点内容进行高度浓缩。一本大部头的书经过摘要式的总结之后往往会"浓缩"成几页纸张的内容，通过浏览摘要就能达到回顾书籍内容、把握书籍主旨的作用。摘要式是一种形式简单并易于掌握的总结方法。

（二）提纲式

提纲式是按照一定的系统将文章内容进行梳理和总结的方法，是一个通过列举提纲重新用简洁的文字概括书籍的过程。梳理可以按照时间节点展开，也可以按照逻辑关系进行梳理，也可以根据读者的其他方式与喜好进行总结。以提纲式的方法对文章内容进行总结，使内容更加具有层次性和条理性，方便读者理解和掌握书籍含义。

（三）图解式

图解式是把相关知识的概念、方法、规律等因素，通过图形的方式表现出来，并将它们联系到一起形成一个网络样式的知识体系图，在这个图中不仅要体现出外在的逻辑关系，还要突出彼此之间深层次的内在联系。"一图胜千言"，图示法化繁为简，把繁杂或抽象的文字表述以通俗易懂的画面呈现出来，又能直指问题的本质或规律，透过图形，可以扩展视角、蕴含想象、增强思维[①]。在制作图表的过程中，不仅要完成内容的重现，图的外在形式也很重要。在构建好视图之后需要不断地进行优化，使图具有直观性、形象性、合理性、科学性等特征。

（四）综合式

综合式就是将上述提到的和其他科学的总结方式合并使用的一种方法。通常，

---

① 张江淮. 一图胜千言——图示法在政治教学中的应用刍议［J］. 福建基础教育研究，2018（1）：106–108.

人们在学习和读书的过程中，往往不会拘泥于一种单一的总结方式，至少都会运用到两到三种方法。不同的总结形式具有不同的优势，但也各自存在一定的缺点。比如提纲式具有较强的逻辑性但可能会局限读者的思维，而图解式具有形象和直观的特征，但由于过于精炼可能导致无法过多重现原文内容，有可能造成读者的过度引申与误解。如果能够将多种总结方法运用到一起，形成优势互补、趋利避害，就能达到良好的总结效果，那么在阅读中的收获也将有所增加。

第六节　阅读与"反刍"——温故而知新

一、"反刍"的重要性

"反刍"就是要求读者将看过的书籍再次或多次反复回顾，不断消化咀嚼，加深理解，达到充分吸收的目的。人的记忆力与理解力是有限的，如果仅仅满足于读一遍书的话就有可能只会略懂其皮毛，无法深刻理解其内涵。因为，我们理想的阅读境界是深阅读，是反复研读后用心去感悟，而不是阅过即忘。对此，许多人都表示深有体会。一本书，读一遍和读两遍的理解会有不同，读更多遍比读一两遍体会更加深刻。同样，一本书在人生的不同阶段去读也会收获不同的效果：青年时期是青涩片面的体会；成年时期是较为成熟全面的感受；等到老年时期，历尽沧桑之后再去回味此书，内心或平静如水或感慨万千都将是一种前所未有的感触。其实，"温故而知新"讲的就是这个道理，学习过的知识需要不断进行重复与温习才能进一步消化吸收，在每一次重复之后将会有新的理解与体会。

一本好书是值得读者花费大量精力与时间去细细品鉴，深入研究的。被誉为"群经之首"和"大道之源"的《周易》是我国人民思想与智慧的结晶，是我国文化史上一块极其灿烂的瑰宝。《史记》中曾记载了孔子阅读《周易》的故事。《史记·孔子世家》载：孔子晚而喜《易》，序《彖》《系》《象》《说卦》《文言》。读《易》，韦编三绝。曰："假我数年，若是，我于《易》则彬彬矣。"[①]这段讲的是孔

---

① 司马迁. 史记·孔子世家［M］. 上海：上海古籍出版社，1986.

子晚年十分痴迷于阅读《周易》，常常废寝忘食，通宵达旦。古代的书籍是用竹简制成的，再用熟牛皮绳将一节一节的竹简编联起来。孔子反反复复地阅读此书，竟然连编联竹简的熟牛皮绳都磨断了好多次。不仅如此，孔子还说道：如果能再多给他几年的时间，他就会对《周易》有更加深刻的认识。后人就用"韦编三绝"这个成语来形容像孔子一样勤奋好学、具有反复研读精神的人。

丰子恺先生勤奋好学，一生涉猎广泛。人们大多都知道他是一位造诣颇深的画家，但他同时也是文学家、散文家、美术家与音乐家。丰子恺不仅艺术风格与众不同，他的读书方法也是极具特色。他将自己的读书方法概括为"重复法"。这种读书方法的具体表现就是每读完一个章节就要回去温习一遍，读完第二章节时，就要连同之前的第一、二章节再重新复习一遍，如此循环往复、不厌其烦。除此之外，丰子恺还想到一个办法促使自己能够多翻阅书籍，就是在书的背面积累完成"读"这个字。每把书看过一遍后就可以加上"读"字的一笔，那个时候人们普遍用的是繁体字，一个简单的"读"字就有二十多笔，如果写成这个字就需要把书重复阅读二十遍以上，这要有何等的勤奋与毅力才能做到啊！这种重复方法虽然耗时长，进程慢，但是却能够让读者扎扎实实地掌握书籍内容。读书其实就和"慢工出细活"这句话所讲的道理一样，"偷工减料"最终耽误的是自己。

二、"反刍"的方法

重复阅读的方法目前在学界没有较为系统的研究与归纳，主要原因是重复阅读的方式具有很强的自主性和主观能动性，它在很大程度取决于读者的阅读方式与阅读习惯。下面阐述笔者总结的几种重复方式以供读者参考。

（一）部分累积重复法

本书所讲的部分累积重复法就是将一本书按照目录中的章节顺序依次重复阅读。因为朱熹在《读书之要》中曾经说过，"以一书言之，篇章字句，首尾次第，亦各有序而不可乱也"。按照书籍章节的编排顺序进行重复阅读，不仅遵从了书籍的原本体系结构，也体现了一定的科学性与合理性。具体方法是，首先，阅读第一章。然后，在阅读第二章之前就把第一章内容温习一遍。接着，在阅读下一章也就是第三章之时先把前面两部分的内容重新进行复习，如此累积阅读，循环往复，周而复始。用这样的读书方法可以在每阅读下一章节时就把之前看过的所有内容温习一遍，有利于读者充分理解书籍内容，循序渐进地体味书中内涵。这种重复方法虽然过程烦琐，却能够让读者做到由浅入深、渐入佳境。

（二）整体重复法

顾名思义，整体重复法不同于部分累积重复法，这种读书方法强调阅读书籍时的整体性。每位作者在创作一本书时一定都考虑到了全书的起承转合与排列布局，因为全书是一个系统性的整体，相邻章节之间都具备连贯性和承上启下的功能，这样才能体现出这本书的思维体系与逻辑关系，因此在读书的时候也应将书籍完整、顺畅地阅读下来。整体重复法要求读者不要将书籍割裂成独立的部分，而是把书视为一个不可分割的整体，从头至尾读完一遍后再次进行整体重复阅读。歌德曾经说过，"内容人人看得见，含义只有有心人得之，而形式对于大多数人是一个秘密"。因此，整体重复法有利于读者从宏观上品味书籍的内容，更好地树立整体意识和大局观念。

（三）关键部分重复法

不论是一本书还是一篇文章都一定有脍炙人口的精彩片段，当然也会有重点突出的部分，这些内容就是书籍中的关键部分。我国历史文化悠久，优秀书籍作品更是浩瀚如海，不计其数。倘若想要将所有书籍都尽收眼中，恐怕需要几辈子的时间。但是，如果只是重复赏析书中的关键部分就可以充分地提高阅读效率。而在实际生活中，大多数学者也正是对经典著作中的精彩片段加以反复研究与赏析。比如《红楼梦》中"林黛玉初见王熙凤"这一段就写得十分精彩，辞藻华丽、生动形象，将人物刻画得栩栩如生，令人拍案叫绝。每一次品读都让人流连忘返，难以抽离。从哲学的角度来看，在整体与部分的关系中，关键部分决定整体，因此，关键部分重复法符合马克思主义哲学中辩证法的原理。

第五讲
阅读训练

第一节　批判性阅读训练

阅读是一个类似思考的过程，如果阅读只是读了文字却无思考，那么阅读就没有任何意义。在一些国家，批判性阅读被认为是学生成功完成学业所必备的能力之一，对于学生有效的阅读起着至关重要的作用。这里的批判并不完全如字面翻译所指单是批评的意思，它更是指一种对事物进行客观评估与思考的能力。换句话说，它要求人们从不同的角度客观辩证地去看待同一事物并且提出质疑和独立的观点，同时寻找出足够的证据作为支撑。这是一个头脑高度运作的过程，也是一个寻找真理并且吸收精髓的过程，而通过这个过程产生的结果和价值也是非常可观并有意义的。

一、什么是批判性阅读？

（一）一种与作者互动交流的阅读方式

作为读者，我们与作者是平等的。作者叙述观点时，我们同时也要进行思考：作者的观点是否正确？我是否同意作者的观点？作者的观点是否有充分的理论依据来支撑？读者不是被动阅读，而是积极思考，与作者进行交流。

（二）一种对文本的深度思考能力

我们在阅读时，要对文本的整体结构进行把握，对阅读材料的可信度和真实性进行把握。这里面涉及很多能力，比如解释概念、分析内容、概括主旨大意。只有我们使用这些能力，才能达到对文章的深度思考。举一个具体的例子，在下面的这段话中，对于"中学生使用手机是否合适"这个话题抛出了一个观点，作者写道：

由于许多原因，手机对教育是有益的，可以将手机用于研究目的。虽然大多数学校在教室和计算机实验室中至少有一台计算机，但有时这仍然是不够的。向学校的每个学生提供计算机也是昂贵的，因此使用手机进行研究不失为一个好的选择。

普通的阅读课堂中，老师会要求学生了解：

（1）作者想传达什么信息？

（2）这段话的中心思想是什么？

若是批判性阅读的课堂中，老师会要求学生讨论思考下面的问题：

（1）作者的写作目的是什么？

（2）作者用于支撑观点的内容是事实还是主观判断？

（3）你同意作者的观点吗？有什么论据支撑你的观点？

（4）怎样从另一面看作者的观点？

（5）作者提出的问题有没有更好的解决办法？

（6）你对学生在学校使用手机怎么看？

大家可以看到，批判性思维需要学生对文本进行深层次的思考，积极地与作者互动。在把握文章结构的基础上，分析、解释作者的观点，并站在不同的角度看问题。

（三）一种对知识不断探索和质疑的态度

当我们在阅读时有了疑问，进行思考时，往往不会拘泥于当前书本中的内容材料，我们还会参考大量的资料，来印证自己的观点。此时，阅读已经不再是"看这本书"这个单一的动作，而是借助批判性思维，将自己与这个现实的世界连接起来。当穿梭于信息海洋之中时，我们发现线索，连接线索，分析线索，这过程就像破案一样，会在其中发现很大的乐趣。

对于一个懂得如何进行批判性阅读的读者而言，文章提供给他的是另一个个体的思考，是真相的一部分。读者在阅读过程中为了更好地理解文章并吸收其精髓，为自己创造了一定的阅读程序、模式、问题甚至是理论。总而言之，批判性阅读是一个不断质疑并且挖掘答案的过程。对于一个不懂得批判性阅读的读者，文章提供给他的是唯一的真相。他们从文中获得知识的途径是依靠记忆力把他们认为有用的描述记下来，然而对于一个懂得批判性阅读的读者而言，文章提供给他的是出自另一个个体的思考，仅仅是真相的一部分。批判性的读者能够识别超越文章本身描述的东西，他们明白同样的事物经过不同的个体思考，能够衍生出多种多样的观点，每一篇文章阐述的不是唯一的事实。

二、为什么要进行批判性阅读？

首先，对于阅读本身而言，批判性的阅读方式能够促进学生对文章有更深层次的理解。纳赛尔教授于 2013 年指导了一项关于批判性阅读的研究。在这项研究过程中，一共 50 名高中生被分成了两组，对其中一组学生进行了 6 节批判性阅读的指导课程。之后，对这两组学生进行相同的阅读理解测试，测试结果是接受过批判性阅读指导的那组同学在阅读理解各项得分上远远高出了另一组。研究表明，批判性阅读不仅仅是让学生了解浅显的文章内容，更是让学生经过不断质疑的阅读过程后，对文章的理解提升到更高的层次。

其次，如今人们生活在一个资讯发达的环境中，批判性阅读的能力显得格外重要。批判性阅读能够有效地帮助人们去筛选信息，客观地去评估信息中存在的个人偏见，并且多角度地看待同一问题引发的不同争论。

再次，批判性阅读是发展人们批判性思维和独立思考能力的重要方式。在应试教育的影响下，我们不缺模仿型人才，却缺少具有独立思考能力的创造型人才，人们在批判性阅读的过程中，能够不断地向自己提问并且分析和筛选答案，这是一个主动又具有批判性的思维过程。人们的大脑只有在充满主动性和活跃性的情况下才能够真正达到自我运作效果，如果在阅读乃至学习的过程中，学生们只能够被动地接收老师给予的信息，那么作为个体的思考能力甚至是个性都会受到一定程度的局限。但是，批判性阅读却能够为人们提供一个独立发展的机会[①]。

三、如何训练批判性阅读？

到底如何才能够正确引导读者进行有效的批判性阅读呢？索尔斯伯里大学研究出了一套批判性阅读的策略去帮助学生们理解和运用批判性阅读。达到有效的

---

① 杨娅婷．阅读，即思考［N］．光明日报，2014–06–10（14）．

批判性阅读需要做到以下几点：首先，必须回顾文章，并且对现有的文章提出疑问，然后开始思考并且提出读者个人的观点和答案，目的是为了使读者能够将个人与他人的观念摆在一个客观实际的层面并对其进行分析；之后，读者需对文章进行简要的总结并且客观评估文章的论证点；最后，读者将这篇文章的论点与相关的文章做比较，通过分析得到更多元化、更深入的理解。

批判性阅读的目的是让读者多方面地看待事物，取其精华而不是无中生有。所以对于批判性阅读的文章选材而言，最好选择近现代的议论文、期刊报纸或者书籍等，内容能够展现出作者明晰有力的观点。为了让批判性阅读训练真正发挥作用，我们需要注意以下三个原则：

（一）学会提问

英语中有一个习语叫"not see the forest for the trees"（只见树木不见森林），它也反映出很多人在阅读时普遍存在的问题：过于注重细节而忽略整体，即阅读时只停留在解析生词句子的意思，而忽略了篇章结构和思想内涵等更高层次的内容。怎样解决这个问题呢？古希腊哲学家苏格拉底曾经提出以其名字命名的"苏格拉底反诘法"，该方法通过讽刺、催生、归纳以及定义等方式对学生进行启发和引导，使他们逐步掌握明确的定义和概念。读者在阅读中可以借鉴这种方法，通过提问引导自己思考以下问题[①]：

（1）文章的主要内容和观点是什么？

（2）文章是站在谁的立场上写的？

（3）文章所用的材料来源于哪些渠道？这些材料可信吗？

（4）作者是否有言外之意？

（5）作者的论证逻辑是否存在问题？对于同样的资料和信息，我们可以做出多少种可能的诠释？

这种自问自答的方式能让我们跳出"只见树木不见森林"的困境，以更加全面的眼光来看待问题。

在"苏格拉底反诘法"中，要特别注意文章出现的"观点"和"事实"之间的区别。前者是个人对某事件的主观看法，而后者则是客观存在的事实和真理。

---

① 姚安娣.课堂提问的功能和技巧［J］.外国中小学教育，1998（2）：35–37，41.

比如"谷歌是一家伟大的公司",这是观点,"谷歌占 2016 年 2 月的全球搜索引擎份额为 64%",这是事实。阅读一篇文章时,要明确哪些是作者的观点,哪些是既定事实,同样还要注意作者的观点论证过程是否严谨可靠。

(二)加强逻辑训练,明确常见的逻辑谬误

我们常说"摆事实,讲道理",即从事实中推导出观点,但同样的事实,不同的人得出的结论却可能大相径庭,因为他们的论证逻辑存在差异。对于议论文来说,论据和论点之间存在这样的关系:

论据—论证逻辑—论点

在这其中,论证逻辑是否严谨合理,是判断一篇文章质量的重要标准。为了得到客观准确的结论,我们需要加强逻辑训练,逻辑训练的第一步是避免常见的逻辑错误。逻辑错误在生活中并不罕见,比如,下面就是一个很多人都会混淆的推论:如果 p,则 q,所以 q 能推出 p。

这种谬误被称为"肯定后件"。它的错误之处在于,使用结果直接推导出原因,而忽略了可能有多种原因会造成这一结果。比如有这样一个说法:很多人在出国之后口语会变好,因此一个人口语不错,一定是出过国。这一推论是不成立的,因为提升口语的方法有很多,出国只是其中一种,在国内同样有很多办法可以提升口语。再比如下面的"否定前件"谬误:如果 p,则 q,那么 p 不成立,q 就不成立。这种假设本质上也是一种形式谬误。举个例子,如果有火灾,就会有浓烟。如果没有火灾,是否可以推导出一定没有浓烟?答案是否定的,因为除了火灾外,其他很多原因也会导致浓烟。

认清这些常见的逻辑谬误,掌握基本的逻辑学原理将有助于我们审视文章论证过程是否严谨可靠,是否存在混淆视听的现象[①]。

(三)对比阅读,了解不同的观点

除了上面提到的"苏格拉底反诘法"以及逻辑学训练之外,做交叉对比阅读也是一种很好的训练批判性思维的方式。交叉对比阅读即针对同一主题或事件,选取多篇不同观点的文章进行对比阅读,学习作者的论证思路,加深对该主题的理解。

---

① 王墨耘,尹小磊.对充分条件推理和必要条件推理的比较[J].心理科学,2010(4):887–890.

怎样寻找同一主题的不同文章呢？大部分常见的话题文章都可以在网上找到。一个简单方法是，在搜索引擎上搜索"主题＋文章来源"，可以找到很多同主题文章。例如我们在读完一篇关于平权运动的文章之后，还想了解其他作者对这一话题的看法，可以搜索"平权运动文章来源"，比如搜索"affirmative action the economist"可以找到《经济学人》对平权运动的一些报道，搜索"affirmative action the new yorker"则可以看到《纽约客》上的相关文章和评论。结果表明，《经济学人》上的文章大多在反对平权运动，而《纽约客》则对此持支持态度。对比阅读这几篇文章，感受不同观点的碰撞，你会对这一话题有更深的理解[①]。

批判性思维的培养并非一蹴而就，它需要持之以恒的尝试和努力，需要我们多问几个为什么，多进行有深度的思考。平时在阅读时学会分清观点和事实，避免常见的逻辑谬误，多倾听不同的声音，这样才能做出正确的判断。

第二节　思维导图

一、思维导图是什么

思维导图是一种将思维形象化的方法。我们知道放射性思考是人类大脑的自然思考方式，每一种进入大脑的资料，不论是感觉、记忆或是想法，包括文字、数字、符码、香气、食物、线条、颜色、意象、节奏、音符等，都可以成为一个思考中心，并由此中心向外发散出成千上万的关节点，每一个关节点代表与中心主题的一个联结，而每一个联结又可以成为另一个中心主题，再向外发散出成千上万的关节点，呈现出放射性立体结构，而这些关节点的联结可以视为记忆，就如同大脑中的神经元一样互相连接。

思维导图又叫 mind map。顾名思义，mind 即思维，map 即地图，所以思维导图换个说法就是大脑思维地图。它简单却又极其有效，是一种具有革命性的、将思维形象化的工具。它运用图文并重的技巧，把各级主题的关系用相互隶属与

---

① 丁学升.阅读教学中的学法指导［J］.华章，2009（4）.

相关的层级图表现出来，令读者充分运用大脑机能，利用记忆、阅读、思维的规律，把主题关键词与图像、颜色等建立记忆链接，帮助人们快速识记、阅读。现在这一学习思维工具被越来越多的人关注，怎样有效利用思维导图使我们的学习更轻松、阅读更有效也成为一大热点。

二、思维导图在阅读中的主要作用

在阅读一本新书时，最重要的就是建立知识结构与组织脉络。而思维导图就是一种结构化思维的外在体现。读者通过运用思维导图，可以把一个主题依总分结构分解，将各知识点连接起来，加深理解，通过建立可视化的网络结构进行全局思考，最终提升阅读效率，快速构建知识体系。可视化的结构可以帮助读者快速厘清思路，发现各知识点之间的关系，梳理作者思考的路径。这就避免了传统列条式的文字，让人无法看清内容的整体架构和关键点。

三、如何制作思维导图

（一）整体布局

将纸张横向铺在桌子上，在脑子里大概明确下中心主题画在哪、需要画多大，其他各级主题和分支大概在哪个位置，就可以了。

（二）画中心主题

手绘或者采用软件绘制的时候，选用与主题相关的图片或者关键词对其展开描述。

（三）画二级主题

中心主题明确后，你需要考虑从哪些角度展开这个主题，这便是二级主题。比如阅读过程中人物关系的记录，你可以从描述时间先后角度出发，画出"儿童、青年、中年、老年"四个四级主题。也可以从场景变化出发，画出"家、学校、公司、公园"等多个二级主题。

（四）画三级主题等

在二级主题的基础上，自然会出现三级、四级主题。有时候，我们也可能先把二级、三级主题画出来，然后意识到，这些主题是可以归结为一类的，形成一个一级主题。很多人习惯于这种思路，先有二、三级主题，画出来后，再归纳出一级主题。这种画法很自然，符合我们大多数人的思维习惯。还有些思路特别清晰的人，他的思路层次很分明，在画下中心图的时候，经过思考，就能够有比较清晰的框架，知道从哪些方面入手来展开中心主题，然后再层层分解。更多的人，可能会结合两种思考方式。例如，在阅读《图书营销学教程》中关于图书市场调研的部分时，读者根据自身的社会经验和思维逻辑，可以得知这个"图书市场调研"的二级主题下至少包含"什么是市场调研、市场调研的类型和内容、市场调研的一般程序、市场调研的相关方法和技术"等三级主题。读者可以在此基础上结合阅读内容再对三级主题进一步完善。

（五）画其他主题

在绘制思维导图时，读者可能遇到还需要增加一些内容才能表达出你的意思的情况，而这些内容，不隶属于你的中心主题，可能跟中心主题平级，甚至更高一级，那么，增加一些其他主题就好。

四、如何利用思维导图进行阅读

首先我们要明确一点：知识补充类阅读和考试类阅读，利用思维导图来阅读都是适合的。但如果是阅读报纸杂志或消遣小说，除非有一定的研究目的，否则就不需制作思维导图了。

前面说了思维导图的那么多好处，那么，在阅读中，我们要如何才能够使用好思维导图，提升个人的阅读效率呢？其实，在阅读中用好思维导图，最重要的不是画那一张图，而是首先要学会这种思维方式，否则最终你画出来的也会不伦不类、主次不清。以下是以《快速阅读》为例，介绍将一本书做成思维导图的步骤。

（一）阅读书籍

如果是理论性书籍，很多情况下前后章节连续性不是很强，可以读完一章之后进行一次整理，如果是整体性较强的书籍，并且在短时间内可以阅读完成，可以读完全书一并制作思维导图，这个大家根据实践情况和书籍难度自行判断[①]。《快速阅读》整体性较强，并且可在短时间内阅读完成，因此可以选择读完全书一并制作思维导图。

（二）构建框架

可以直接将书籍的目录录入到思维导图中，也可以选择比较重要的部分录入。主要的目标是将书籍中最重要的部分框架清晰地反映在思维导图中[②]。图5-1采用的是将《快速阅读》的目录直接录入到思维导图中。

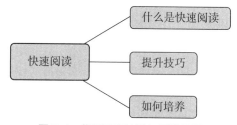

图 5-1　将目录直接录入思维导图

（三）录入重点

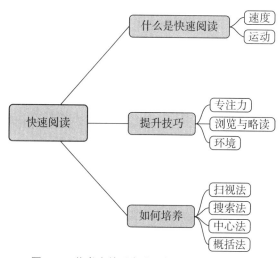

图 5-2　将书中的重点论证部分录入思维导图

① 百度文库. 思维导图经典案例讲解［EB/OL］.［2019-02-03］. https：//wenku. baidu. com/view/3502e1b4aff8941ea76e58fafab069dc50224700. html.

② 百度文库. 思维导图经典案例讲解［EB/OL］.［2019-02-03］. https：//wenku. baidu. com/view/3502e1b4aff8941ea76e58fafab069dc50224700. html.

将书中的重点论证部分录入思维导图，同时将自己摘录、勾画的部分录入，这个时候不必变更书中原句，简单录入即可。这时有两种内容：第一种是和书籍框架及论证有关的，放入导图的对应分支下；第二种是与框架无关，可以在导图中建立一个"杂项"的分支，将所有内容统统扔进这个分支下[①]。图 5–2 采用的是第一种，将和书籍框架及论证有关的内容录入导图的对应分支下。

（四）调整方式

如果读书的目的不是为了了解作者的思想，那么你可能不关心作者或者本书的思维框架是什么，但是会重点关注书中某些部分[②]。比如在《快速阅读》中，你若关心提升阅读速度的技巧，则做上图中一个主要分支即可。

（五）论证引入

将内容和论证放入相应分支中，完成了整体框架的构建，这时候就是该细化的时候了[③]，如图 5–3 所示。

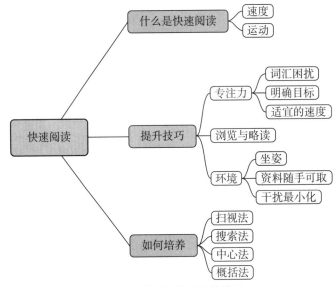

图 5–3　提升阅读速度的技巧

---

① 百度文库.思维导图经典案例讲解［EB/OL］.［2019–02–03］. https：//wenku. baidu. com/view/35 02e1b4aff8941ea76e58fafab069dc50224700. html.

② 百度文库.思维导图经典案例讲解［EB/OL］.［2019–02–03］. https：//wenku. baidu. com/view/35 02e1b4aff8941ea76e58fafab069dc50224700. html.

③ 百度文库.思维导图经典案例讲解［EB/OL］.［2019–02–03］. https：//wenku. baidu. com/view/35 02e1b4aff8941ea76e58fafab069dc50224700. html.

（六）细化语言

细化每个分支的逻辑和语言。框架已经有了，每个分支下也有了一定内容，但是每个独立分支下的逻辑性并不清楚，需要将书中原话转变成自己理解的话语，尽力简化。同时，将这些句子的逻辑关系厘清，用分支的形式体现出来，这时就有了一个层次清楚的思维导图了[①]，如图5-4所示。

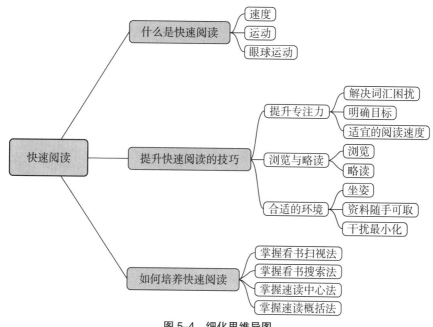

图 5-4　细化思维导图

（七）处理杂项

大家没有忘记杂项中还有很多内容吧，处理一下这些句子，有些内容可以放入前面整理出的框架中，有些东西则和全书整体框架并不相关[②]。

一是在看一本新书之前，快速阅读一遍书的目录。因为要掌握一本书的整体架构，浏览目录是最快捷的方式。通过浏览目录可以在心中对这本书的知识架构有一个大概的轮廓，思维导图的大体轮廓也差不多有了。

---

① 百度文库.思维导图经典案例讲解［EB/OL］.［2019-02-03］.https：//wenku. baidu. com/view/35 02e1b4aff8941ea76e58fafab069dc50224700. html.

② 思维导图经典案例讲解 – 百度文库［EB/OL］.［2019-02-03］.https：//wenku. baidu. com/view/3 502e1b4aff8941ea76e58fafab069dc50224700. html.

我们以梁启超先生的《李鸿章传》为例：

第一，我们要看目录，了解到这本书讲到了李鸿章的处境与中国当时的形式，了解到本书将会讲到作为兵家与外交家这两种不同身份的李鸿章的表现，了解到还会有李鸿章赋闲之后的情况等。

第二，我们认真阅读前言，很多人其实是不太在意前言的。其实，前言的作用很大，前言有作者自述，也有推荐人写的。不管哪类前言，都可以让你快速进入第三者视角，找到这本书中最关键或者最出彩的信息。

同样是《李鸿章传》，阅读序例（前言）时，我们能了解到作者为什么要写这样一本书，了解到本书采用的是夹叙夹议的论述方式。

第三，我们在每一章阅读结束以后，要提炼本章的重点或中心思想，找到各个知识点的关键词。

第四，最重要的个人思考。只有将作者的知识转化为自己的理解，结合自己的实际和体会，把作者的话转化为自己的思考，这样才真正变成自己的东西。当然，能结合实际的案例进行应用更好。

第五，介绍用好思维导图的一些技巧。就像前面所介绍的，思维导图最重要的是思维方式，画什么图像、什么线条、什么色彩是更表层一点的东西。而下面这些，是可能相对更重要的。首先，需要学会全局性思考。我们之前也许看书速度快，看完就丢了，不会在阅读中思考，特别是结合全局来看当前内容在整体架构中的位置和作用。其次，需要学习理清逻辑关系。如果逻辑思维能力较差，要在阅读中用好思维导图，这一步是必须要克服的，否则最终的思维导图就会是一团乱麻，没有层次，让人摸不着头脑。再次，需要学会归纳总结。不会归纳总结，必然无法掌握重点，也就难能构建整个知识架构。最后，需要学会提炼转化。一幅优秀的思维导图绝对不仅仅是作者目录的简单摘抄，它一定是经过思考、提炼、转化后形成的东西。当然，还有最关键的，还需要经常使用练习它。多加练习，熟能生巧。

第三节　数字化阅读

一、数字化阅读的概念

数字化阅读指的是阅读的数字化，主要有两层含义：一是利用数字化平台或移动终端获取和传递多种形式媒体信息的认知过程[①]，如电子书、网络小说、电子地图、数码照片、博客、网页，等等；二是阅读方式的数字化，就是阅读的载体，终端不是平面的纸张，而是带屏幕显示的电子仪器，如电脑、手机、阅读器，等等。

二、数字化阅读的特征

（一）使得阅读广度变大

数字化阅读所使用的媒介不受空间、时间的限制，同时兼具检索功能，可以快速获取文献，使得文献传递效率提高。数字化阅读所借助的信息载体容量大、体积小，存储自如，节省大量空间。另外，传统纸质图书保存所付出的工作量大，需要大量空间、时间、人力完成，且保存效果差，容易毁坏。达到一定年限就丧失了流通功能，这样就会影响读者的阅读。而文献信息数字化既可以推广阅读，又能实现永久保存，在保护珍本、善本古籍方面优势显著[②]。

（二）数字化阅读速度快、深度浅

纸质载体历史悠久，文献信息来源固定，并且通过分类和整序，可以世代相传，适合深度阅读，并且传统阅读的对象内容都是经过"三审三校"，具备极强的思想性[③]。在纸质阅读的时代，读者可以勾勾画画，随时做笔记。通过自己的笔记和重点能够加深理解。在互联网上流行的图书，并不完全是有思想的作品。很多的内容，实际上只是在传播信息，只是为了浏览数量，适合快餐式阅读，这些东西更迎合人们娱乐消遣的目的，并不能给人留下深刻的记忆，这种一般多为浅阅读。传统阅读较之数字化阅读更加深入深刻，读者更能深刻理解作者的思想，传统阅读带给读者的思考是更深层次的。由于数字化传播的特性，目前在手机、平板电

---

① 王雨.大学生数字化阅读的影响因素研究［D］.2014.

② 黄阳，解科静.论数字化阅读与传统阅读的利弊［J］.中国信息化，2012（24）.

③ 数字化席卷之下，我们应如何阅读［N］.《吉林日报》，2018–04–26.

脑上都可以随时获取信息，由于数字阅读的特点，每天都有作者在更新自己的创作，但截至目前，网络文学中还很少出现那种具有思想性和艺术性的鸿篇巨作。总体而言，数字阅读内容的质量远低于传统纸质图书的质量。

（三）数字化阅读可以多媒体展示和多手段交互，阅读体验增加

数字化阅读可以进行多媒体展示及互动，相比之下，传统阅读的体验就显得比较单一。数字化阅读，可以利用数字终端技术，将阅读内容通过文字、声音、图片、视频和动画等方式显示，使内容形象化，让读者对内容的理解更加深刻；数字化阅读还可以帮助读者和作者通过留言、信件、聊天软件等方式，及时进行有效的沟通和互动。

数字化阅读带来的积极影响，就是阅读不再只是单向的交流。单向的交流会产生很多问题，比如：读者对于书中或者文章中的内容并不理解，传统阅读时代，读者很难找到作者去寻求解答，而数字化时代，只需要在终端输入你的问题，不仅仅可以得到解答，还可以与其他读者进行交流。

（四）数字化阅读成本低，读者获取知识更容易

数字资源的流通载体是电子媒体，成本几乎可以忽略不计，而传统的纸质图书所需要的成本是可观的，所以从材料的成本来看，数字化阅读更加节省、环保，而且作者可以随时更改自己的作品，不需要重新出版、装订成册，只需要在终端重新编辑即可。所以数字化阅读从成本方面来看，是很占优势的。在这种情况下，读者进行阅读所需要的支付费用也很低，读者可能更喜欢数字化阅读。

三、如何有效进行数字化阅读

数字化阅读带来的便利是毋庸置疑的，但是由便利而来的信息大爆炸却增加了读者阅读的难度。如何"擦亮双眼"有效进行数字化阅读呢？

（一）选择所需要的内容，分辨利弊

有效进行数字化阅读，首先就是分辨所需要的内容。大量而及时的数字化资讯，一定程度上拓宽了人们的视野，对打造中国人的阅读生活做出了巨大贡献。它使人们可以随时随地、随心所欲地进行各种知识领域的阅读。但是，其中不乏

一些低俗化、娱乐化的内容，这些内容使人们沉溺其中，占据大量时间。例如：我们在社交软件上阅读的内容大多都是消遣性的，即使得到一些正确的关于养生、理财等的信息，也只是学科中的散点，并不利于建构系统、科学的知识结构和逻辑体系。所以，数字化阅读首先要知道自己的需求是什么，所要阅读的内容是哪些方面的，哪些是工作和学习的，筛选出对自己有用的信息。

邹群艳在其《大学生数字化精读影响因素分析》[①] 中从微观角度出发，给出了一些选读方法建议：

1. 确定自己的需求和检索目标，缩小选择范围。如，需阅读读书方法的相关资料，直接输入关键词"读书方法"进行查找。

2. 关注自己喜欢的、非常有影响力的人或某个专题的微信、微博或其他公众号等，通过这样的渠道获取选书建议。如通过关注 MOOC 微信订阅号，能及时了解当下 MOOC 发展的最新动态以及相关阅读推荐。

3. 通过一本经典书籍的引用注释，进而关注其他的经典书籍。如通过《远程学习者的自我管理》一书关注到马扎诺的学习维度理论。

4. 关注周边教师等强烈推荐的书籍。如《红楼梦》，关注经典，回味无穷。

5. 关注新闻、书店、电影、广告中提到的一些时兴书讯。如通过关注新闻、网上书店等的实时推荐，选读合适的书籍。

6. 充分利用各种阅读工具，方便快捷。如 iPad、kindle、汉王等。

（二）重视深度阅读，轻视碎片化阅读

在经过内容筛选之后，就是重视深度阅读。阅读的时候要注意深度阅读。数字化带来的信息很丰富，这些网络信息包括低俗化、娱乐化的内容，接收大量的网络信息占用了人们大量的时间和精力。人们在进行数字化阅读时，被动地接受信息，无法进行深层次的思考，进行的全部是浅阅读，无法形成深度的认知。因此，阅读的时候要放弃浅阅读的部分，重点关注深度阅读的部分。要把浅阅读转变为深阅读，即在浏览式的浅阅读后，将符合自己要求的内容进行梳理和总结，把有必要掌握的重要内容，通过细读，反复思索，达到认知、了解的结果，完成深度阅读。

① 邹群艳 . 大学生数字化精读影响因素分析 ［D］. 江西师范大学，2016.

深度阅读有以下特点，必须能够持续专注在某一领域或彼此有关联的内容上一段时间。需要读者持续不断地阅读完一本书或杂志，然后停顿下来，整理思绪，能够形成关于这本书或杂志的框架结构。当达到这样的结果时，这次的深度阅读才是有效的。

（三）如何进行深阅读①

深阅读，要在选书、读书、总结过程中，做到有目的、有选择、有方法、有转化，实现一个完整的、深入的阅读和收获过程。在思考中阅读，在阅读中锻炼分析力、理解力、归纳总结能力，进而促进更深层的思考，达成良性循环。

1.关于选书

很多人没有开始读书，是因为面对琳琅满目的销售书目，看得眼花缭乱，做不出选择。其实选书有很多方法，每个人可以根据自己的喜好而定。（1）首选经典。《深阅读：信息爆炸时代我们如何读书》中非常提倡阅读经典的作品，这类作品在思想内涵上经得起时间的考验，对人的启发和帮助更深。（2）根据个人的基础和喜好选书。对于在读书积累方面刚刚起步的新人，比如选择经典的短篇文学类，喜欢的电影原著类、名人传记类。还可以参考比较可靠的书评、书单推荐等。选择容易上手的书籍，培养阅读兴趣，再逐渐加深、扩展范围。对于已经有一定积累和个人喜好的，可以选择感兴趣的同类型系列书籍，或者同一位作者的系列书籍进行阅读，这样容易形成整体的体系结构。

2.关于读书

（1）善于提问。读书时要带着问题去读，这样在阅读过程中也会去多思考几个为什么，这样的阅读，收获也更大。对于答案，也许每个人思考过后，都有自己的结论。不必要求每个人得出同样的结论，读书不是考试有标准答案，只要通过读书，获取了信息、享受了文字美感或者促进了思考就很好。

（2）由简入深。很多古典作品，内容非常好，但是可能古文难于理解。这时，不妨先从简单的解读类书籍开始，或者是白话译文类书籍。比如《山海经》是一部内容非常丰富的书籍，但是直接阅读原文对大多数人来说很难。这时可以选择阅

---

① 简书.深阅读带你潜入精神底层的清流.［EB/OL］.［2019–02–01］. https://www.jianshu.com/p/948873124bca.

读袁珂老师的《山海经全译》，袁珂老师的译文平实、精准、流畅，参照译文，再读原文也能够大致理解了。同一类别的书籍，其内容深浅程度也各不相同。不要急于求成，一下子扎到最深奥的书籍中去，这样做不好消化吸收，还容易打消阅读积极性。要根据个人的基础，选择难易程度适合的书籍来读，逐渐加深。

（3）选择适合自己的载体。其实两类书各有其优势，现在许多设备可以支持人们灵活地阅读电子书、记录笔记等，只要掌握得体，能够大大提高个人的阅读效率和效果。纸质书的阅读，同样有着电子书无可替代的质感。只要适合自己的，就是好的。我们的目的是读书本身，书籍的形式自由选择。

3. 关于输出

深阅读相较于对日常网络繁杂信息的肤浅阅读，最大的区别是：阅读中经过深入思考，阅读后进行转化输出。只有经过思考和转化，书中的知识和思想才能融入自身，真正成为自己的一部分。每个人都有自己的知识基础、思维方式和独特视角，在阅读过程中，要逐渐形成个人的转换方式，多做分析，多做总结。可以通过与人交流、复述、写读后感、写书评等各种方式，将阅读的书籍转化，纳入自己的知识体系之中。

4. 连续性的深阅读

知识获取需要深入、连续的深阅读，读者应该"静心沉潜""细细品读"，并且积极思考，专注地对文本进行解读和阐释，充分思考，进而掌握知识技能和提升自我修养。比如：当研究某一课题时，需要反复地推敲文章的论点是否成立，多个角度思考。在连续性深阅读之后，人们可以形成自己的知识体系，并让知识转化成价值，成为自己的一把锋利的武器。

第六讲
读书方法的应用

第一节　不同读书方法的应用分析

一、读书会

读书会的核心思想是精读法中的"八面受敌法"，它是以学习知识、交流思想为目的而组织的，以"搭建读书平台，推进读书交流、营造读书氛围"为宗旨的读书活动。首先，读书会组织者邀请一些知名的专家和学者引领读者了解一本书，他们可以采取多种介绍和引入方式，激发读者对于此书的阅读兴趣。然后，根据每个人对于该书的不同理解和看法继续仔细品读内容。"横看成岭侧成峰，远近高低各不同"，每个人对于同一个事物都有各自独到的看法与理解，这是精读法中"八面受敌法"的精髓，这也正是邀请学者来分享读书体会的妙趣所在。由于学者对于某一专业有着深厚的底蕴与见解，与学者交谈可以让读者换个角度，更深入地品味书中内涵。之后，活动组织者会邀请读者互相交流，分享心得。他们可以尽情地讨论所感兴趣的内容，碰撞思想的火花，各抒己见，从而达到精细品读的效果。

案例推荐：佛山市图书馆："领读者"项目

2017年，佛山市图书馆推出集阅读指导、推荐、分享、讨论等多位一体的全民阅读推广项目——"领读者"，邀请来自社会各领域的名人学者等，通过"拆书"的方式，带领市民走进"深度阅读"，拉开为期一年的马拉松式"全城共读"活动。

图 6-1　佛山市图书馆"领读者"项目宣传推广海报

新媒体时代的文化产品和文化活动，讲求受众的体验感与互动感。一方面，项目引入近年兴起的读书方法论——"拆书"，吸引大批市民，尤其是年青市民参与活动，要求"领读者"先阅读完整本书，再选取书中的一些片段提炼自己的观点，在 15 天内进行拆解，发布阅读任务，引导市民有计划、系统地跟读、分享，最后根据"领读者"的某个观点，展开讨论。另一方面，项目把活动的主场放到移动端，配合活动提供馆藏电子书和纸本书借阅，让市民可以随时随地打卡阅读并发表评论，与"领读者"进行互动。除了线上活动，项目方定期开展阅读分享论坛、诗词朗诵等丰富多彩的活动，与市民开展线下互动与讨论、图书漂流等活动，同时立足于佛山阅读联盟平台与民间阅读社团共同开展"说书人"大赛等，通过"领""读""说"三个板块，激发市民的阅读热情，引领带动更多人爱上读书。

2017 年"领读者"共推出 12 期。佛山市图书馆微信公众号累计跟读量达 23 万；"无线佛山"app 累计跟读量达 34 次。5 月 21 日首季"领读者"见面会网络直播，视频、图文微直播观看累计达 52389 人次。此外，项目方组织开展线下阅读分享活动 12 次，现场参与人数超过 2.4 万人。读者的积极参与，直接带动馆藏资源的使用率。佛山市图书馆馆藏电子书点击总量达 21393 次，下载量达 13178 次，增长近 30 倍。电子书所属的中文在线电子书库总点击量 8334 次，下载量是 69555 次，较活动开展前增加 50%。

图书馆举办这样的活动，能够加强读者与图书馆的沟通，充分发掘图书馆文献资源的丰富内涵。此外，读者也可以加深对书籍的认识，开拓读者视野，激发其学习的兴趣，吸引读者走近阅读、热爱阅读，领悟书中精髓，激发思考、指导实践。

二、讲座

在教育资源有限的条件下，当今社会的图书馆承担着传播知识、促进提升公共社会文化水平的重要作用。讲座日益成为学术交流的平台和社会知识的集散地，成为各种信息交流、交换的重要载体和思想传播的重要途径。举办讲座是一种有效的宣传教育的方式，其内容是丰富多样的，比如健康讲座、心理讲座、法律讲座，国学讲座、异域文化讲座、国际形势讲座，等等。

图书馆的讲座是图书馆面向社会、面向大众推出的学术文化系列讲座，旨在提升阅读品位，促进经典馆藏建设，推动全民阅读与学习型城市的创建，致力于公益文化的传播和市民休闲阅读空间的打造。

图书馆讲座为读者提供了相对轻松和平等的交流平台，读者可以在讲座过程中或者结束后的提问环节与主讲嘉宾进行互动交流；聆听讲座可以使读者开阔知识视野，丰富知识储备，发掘学习兴趣，优化知识结构。另外，举办讲座打破了人阅读书籍的固化模式，通过类似于授课的方式实现人与人之间的交流，使阅读更加直接高效。

案例推荐：上海宝山区图书馆："书音"系列讲座——请原著者讲述自己的作品

"书音"系列讲座由上海宝山区图书馆与上海市作家协会合作举办，每月邀请一名或多名知名作家担任主讲嘉宾，与读者分享作家的原创文学作品，拉近文字阅读者与文字创作者的距离，深入阅读，探讨阅读，迷上阅读，聆听书之"音"。

图6-2　上海宝山区图书馆"书音"系列讲座之李伟长《历史想象与文学虚构》

每一位作家现场用生动的语言、丰富的内容、渊博的学识，让读者在文学里寻找生活与情感的共鸣，在恬静中感受文学的艺术和阅读的魅力。

"书音"系列讲座是该馆全民阅读推广活动的重点项目之一。该系列讲座于

2016年5月首次开讲，至今已运营两年有余。截至2017年底，共举办22场，共计2200人次现场参与，近9万人次通过网络直播观看。

"书音"系列品牌讲座，对公众来说，贴合文化需求，使公益讲座成为市民喜爱的终身学堂；对公共图书馆来说，提升服务内涵，给公益讲座注入新的活力和生命力；对社会来说，公益讲座推动了城市文化文明建设，在全社会营造出浓郁的文化氛围，让更多的人感受到文学阅读的精彩和魅力。

三、读者沙龙

读者沙龙是图书馆推出的一种读书分享活动，属于典型的泛读行为，此类活动可以在咖啡厅、茶室等轻松愉悦的环境中开展，也可以在古色古香的书香院落专题馆中开展。读者在不同的氛围下相遇相知，各抒己见，交流心得体会或独到见解，并特邀学者、专家点评讲解，积极交流读书体会和生活感悟，激发读者对阅读的渴望以及对读书带来的人生价值的深入思考。

读者沙龙为读者营造了一种轻松愉悦的阅读环境，读者们志趣相投，聚会一堂，一边品味着饮料，一边欣赏着舒缓的音乐，促膝长谈，无拘无束地分享自己的心得体会。

案例推荐：北京工业大学图书馆"100悦读沙龙"

1. 沙龙目的

（1）开拓读者的阅读视野和阅读体验，提升读者的阅读获得感，增强读者的阅读自信。

（2）让读者呈现出来，将每一个读者看作一个潜在的阅读推广人，以读者带动读者、发展读者。

2. 运作架构

（1）主题：每期一个主题，主题来源为"策划者想法＋读者建议"。

（2）固定时间：每月1~2场，周四18：30—20：00举办，固定的时间会让读者形成一定的品牌认知度。

（3）初期运作的激励机制：图书抽奖＋资深读者邀请。

（4）沙龙总结：每期沙龙结束后，会有文字和图片总结，以微信文章的形式再推送，以吸引未到场的读者下次参与。

3. 运作情况

2017 年 10 月 30 日，开启了第 1 期沙龙，截至目前，已举办 8 期，参与读者 85 人次，已形成一些沙龙粉丝。

沙龙氛围轻松活泼，话题空间非常大，读者在阅读视野、思维开拓、读书认知、人生思考、自我认同感等方面，均有获益。

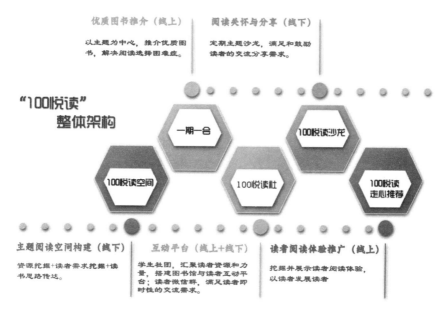

图 6-3　北京工业大学图书馆"100 悦读沙龙"整体架构

四、朗读亭

朗读亭是诵读法的一种体现形式，是一种以朗读体验方式为主，集朗读练习、录制、演讲训练、阅读为一体，并可通过微信分享朗读内容的物联网设备。朗读亭可以满足用户享受朗读、快乐阅读和社交分享的需求，读者只需要进入朗读亭，戴上耳机，按照操作流程，手持话筒，就可以开始进行朗读。其资源丰富，包括新时代朗读榜、散文随笔、古风雅韵、少儿读物、英文名著、配音模仿等栏目，有领读、朗读和自由阅读三种模式可供选择，读者可以通过扫码进行自助操作。在阅读器的屏幕中，读者不仅可以选择海量朗读素材，还可以选择背景音乐和语速及音效。朗读亭还配备高品质音效设备，通过录制优质声音提升朗读体验，录毕还可将朗读声音上传至微信、分享给好友。

读者通过在朗读亭中大声朗读，尽享高品质的时尚朗读方式。朗读使读者与书籍产生了心灵共鸣，同时也使读者获得了读书的内在满足感。

案例推荐：太原市图书馆"朗读亭"

太原市图书馆举办以"书声朗朗·悦读经典"为主题的第一届朗诵大赛。选手可以采用单人或双人组合的形式朗诵，朗读素材来自太图朗读亭系统平台，选手完成朗读后可进行分享投票。

以朗读为主题的比赛方式，形式新颖，可操作性强，民众参与度高。通过朗读与比赛，增添读书乐趣，实现读书的身心合一，使读者对阅读与经典图书有更深层次的理解与感悟。比赛弘扬了中国传统文化，激发市民投身学习、畅游书海的热情，同时发掘了公众的朗读潜力，有助于深入推进全民阅读，推动书香城市建设。

五、听读法

图6-4　郑州大学图书馆"书香郑浓"——校园阅读分享微信平台宣传海报

通过微信和网站平台向读者推送好书或经典片段，以电波传递书香，用声音推广阅读，让经典的文字用朗读的方式，传递书香翰墨中的听读乐趣。将书籍内容录制成音频并且通过媒体播放出来，有效地丰富了读者的阅读形式。有声读物的概念起源于第三次科技革命以后，随着获取信息与知识方式的多元化，数字化媒介不断地冲击着传统纸质形式的书籍，由于它具有可移动性强、内容丰富、方便快捷、受众容易接受等一系列的优点，已经在社会上占有了一席之地，并创造出了客观的经济与社会价值。

案例推荐：郑州大学"书香郑浓"新媒体平台

"书香郑浓"是郑州大学发起的读书互动分享平台，通过推广有趣味、有内涵的读书栏目，发起多样的读书互动话题，进行读者活动推广。

"书香郑浓"公众号的内容包括三个主要栏目:《青椒书话》《郑大书声》《漫悦读》。其中《青椒书话》栏目每期邀请一位郑大青年教师为同学们分享一本好书。《郑大书声》是由郑大教师或学生用朗读的方式与大家分享一段经典美文。《漫悦读》将学生创作的漫画和有趣的文字结合，每期讲述一本书。

"书香郑浓"的新媒体平台根据学生休闲娱乐时间碎片化的特点，推出三档栏目，满足了学生碎片化阅读的需求，使学生可以利用碎片时间体验读书乐趣。帮助学生将读书融入学生的学习生活。

六、抄读法

抄读法作为我国传统的读书方法，其特征是抄录读物的原文。鉴于古籍的生涩难懂，许多读者缺乏阅读兴趣，通过为读者提供《论语》《孟子》等经典名句的临摹范本，使其在抄读的过程中产生阅读古籍的乐趣，感受先贤智者们为传承和弘扬优秀传统文化而做出的卓越贡献。抄毕，读者还可留存自己所抄写的典籍，由此进一步引导读者阅读和了解古籍经典著作。抄读的好处有许多，最基本的是能够帮助读者集中注意力，增进理解，提高记忆。

案例推荐：朔州图书馆"手抄地方文献"阅读推广活动

地方文献作为"一方之全史"，不仅为地方决策机关提供决策依据，为地方经济建设提供有效数据，为地方史志工作提供基础资料，也为研究地方历史、弘扬地方文化、进行乡土教育提供了丰富素材，是图书馆馆藏文献中的独特资源。

图 6-5（a） 山西省朔州市图书馆开展"手抄地方文献"活动，读者热情参与

图 6-5（b） 山西省朔州市图书馆开展"手抄地方文献"活动，读者热情参与

七、吟诵法

在成人类读者的传统古典文化学习过程中，优秀诗文作品非常受欢迎。优秀的诗文作品的吟唱既可娱情健体、提高人文素养，也是锻炼口头表达能力、感受诗意之美的良好手段。要学好诗文诵读，把握诗文吟诵技法就非常重要了。

吟诵法可分为集体吟诵、个别吟诵等。让每个学习者都投入，受益面最大。有的作品宜采用分角色吟诵的方法，语气、语调、音量等各方面都要符合作品中不同人物的要求，充分调动学习者的积极性。集体吟诵还可以采用多声部读法，形成强烈的节奏感，使学习者对作品的意蕴会有更真切的体会。不同的诗文吟诵之前都应由指导者与学习者充分交流、研讨，激发每一位阅读者的创意，以丰富诵读技巧，切实提高诵读学习能力，从而获取良好学习效果。

案例推荐：黑龙江省图书馆"冬颖老师约你一起唱诗词——古诗词吟唱公开课"

"冬颖老师约你一起唱诗词——古诗词吟唱公开课"特邀黑龙江大学博士生导师刘冬颖教授全程授课。

2015年7—8月举办第一期古诗词吟唱公开课，以《诗经》吟唱为主要教学内容；2016年7—8月举办第二期古诗词吟唱公开课，内容以古诗词的基础知识为主，同时讲授吟诵与吟唱的要领；2017年10—12月举办第三期古诗词吟唱公开课，按照古诗词的发展历史与演变分别讲授经典吟唱作品。同时，在孔子诞辰日、世界诗歌日等纪念日组织公开课学员开展"孔子的音乐观"讲座和"一起唱诗词——世界诗歌日主题活动"，受到媒体的广泛关注和社会公众的追捧。

图6-6（a） 黑龙江省图书馆"龙图公开课国学诵读班"开班及结业仪式

图6-6（b） 黑龙江省图书馆"龙图公开课国学诵读班"开班及结业仪式

古诗词吟唱公开课课程内容设置上具有公众普及性与亲民性。刘冬颖老师深入浅出地讲解，并选择以大众喜闻乐见的形式传播传统文化，让古籍中的文字活起来，成为可说可唱可传诵的"经典"。

第二节　针对不同类型读物的读书方法

一、实用类图书

实用类图书本身具有很强的结构性，它与文学类图书差异很大，不需要丰富的想象力，也没有复杂的情节交织。实用类图书大致为两类：一类是用于提升人的某方面的技能，比如职员因工作所需要的某专业的书籍；另一类是用于帮助提升个人综合能力，比如沟通技巧、语言艺术、情商、逻辑思维，等等。实用类图书侧重解决问题，通常强调实战、贴近现实、案例较多，往往就某类问题直接给出建议。任何一个领域的实用手册，像是工程、医药或烹饪，或所有便于分类为"教导性"（moral）的深奥论述，如经济、伦理或政治问题的书，对读者来说都是实用的书。

根据实用类图书的特征，本书给读者们大致介绍其读书方法。第一步，进行检视阅读。实用类书籍的结构性很强，所以一开始要进行系统性的略读。先看书名页、书序言、后记，等等，对书籍的内容有个初步认识。之后快速浏览目录，阅读索引，简单把握书籍的结构和框架。与此同时，将自己的阅读需求和阅读目标与书籍内容进行匹配，搞清楚阅读重点和难点。在这个步骤里，读者适合采用速读法和泛读法。第二步，分析阅读。这一步就是要求读者细致地进行分析阅读，注重阅读理解能力的培养和训练。这里推荐读者使用精读法，因为这部分的阅读是比较深层次的，需要读者充分调动阅读的积极性和阅读兴趣。在读到某一具体章节时，读者应该知道作者的主旨和写作意图。并且善于发现作者的论点和论据，找寻文章的因果关系及逻辑关系。确定作者解决了什么问题，为什么要解决这个问题，这个问题最终的解决成果如何，因此读者应该带着批判性思维去阅读和分析一本书。在阅读完整本书后，应该向自己提出几个问题，这本书主要讲了什么，我从中学到了什么。要把书中学习到的知识与自身实际结合起来，运用到生活和工作中，体现出它的功能性和实用性，这才是阅读实用型图书的最终目的所在。总而言之，实用类图书的最终落脚点是它的实践意义，读者自身某项能力的提升是判断实用性图书阅读成效的可行标志。

实用类图书中还有很重要的一类图书，就是工具书，工具书指在学习中和工作中可以作为工具使用的特定类型书籍，专供查考资料，以解决工作或学习过程中所遇到的某些疑难问题。工具书具有查考性、概括性、检索性、权威性、完备性、资料性、稳定性等显著特点。使用工具书，往往是为了解疑释惑或获取资料。因此，工具书的读书方法，实际上就是指检索、利用工具书的方法。

工具书的阅读应注意五个方面的内容：（1）掌握常用的工具书检索方法。无论古代、近代与现代的工具书，都有其排列方法，应熟悉其检索方法。（2）了解工具书的结构。工具书的结构一般由凡例、词目表、正文、附录等组成。凡例，主要是向使用者交代工具书编排的细则，包括工具书所收内容、时限、体例、符号、功用、使用对象等，以及需要交代的其他问题。（3）工具书编撰周期长，修订一次不易，所以存在内容滞后现象，需根据出版及更新日期等判断其及时性与有效性。（4）从工具书的编者、著者与出版者等信息中判断其权威性，择优使用。（5）每种工具书都是历史时代的产物，是这个时代人类智慧的结晶，因此其具有一定的时代性和阶级性，读者需根据需求选择恰当的工具书。

二、理论类图书

理论类图书侧重概念，体系完善、论述缜密。阅读理论类图书的目的大致可分为两种：第一种是为了提高自己的理论素质和阅读理解的能力。第二种是为了完成学业或者工作中的一些"关卡"。大众阅读的理论图书往往偏向于人文社科类，此类图书所采取的读书方法有很多。我们大可以借鉴前人所用到过的读书方法，比如鲁迅先生的怀疑法、比较法、思考法、结合法。华罗庚的"厚薄"读书法等。读者可以根据自己的情况和兴趣，选择适合自己的读书方法，提高阅读效率。

教科书阅读法是理论类图书的一种读书方法，教科书是专门供师生教学使用的书籍。编著者根据国家教育行政部门制定的教学大纲和当代最新的科学体系，向读者系统地介绍某学科某领域的科学知识、理论、技术、成果等，明确提出教学的目标和要求。教科书一般由目录、课文、注释、提示、练习题、图表、照片、附录、索引等几部分组成，基本部分是课文和习题。不同身份（教师或学生）的读者阅读教科书的目的、重点和方法必然有所差别，但都应遵循文图注并重、读记结合、循序渐进的原则。同时，不同教学要求的教材有不同读法：讲读教材精读；参读教材略读。不同教学内容的教材读法也不相同：语文教材宜粗读与研读结合；历史教材宜横读与纵读结合；地理教材宜文图对照阅读等。

三、叙事类图书

叙事类图书如人物传记、通俗历史、小说等，感性内容多于理性内容，有人物、事件、情节，读起来轻松，更容易引发读者共鸣。叙事类图书比较注重审美性和艺术性，读者在阅读的时候应该选取欣赏和品鉴的角度。我们常常说，叙事类图书要掌握它的时间顺序、空间顺序、逻辑顺序，但是叙事类图书主要是讲故事，塑造人物。由于人物这个因素是写作的中心，因此读者在阅读的时候也要从人的角度去思考，比如，他为什么要这样做、如何评价他的这种做法和行为、他所处的环境和状态是什么样子等问题。

小说阅读法是叙事类图书的一种阅读方式，小说是一种以叙述生活故事、塑造人物形象为主的文学体裁。阅读小说要注意对人物形象、环境、情节、结构、主题、技巧等方面的分析，尤以人物形象分析和主题挖掘为重。前者侧重分析人物活动环境、人物的语言、行动和心理活动、性格特征，以及人物之间的关系；后者侧重剖析人物形象所包含的思想意义，分析作品的主要矛盾，研究作品的时代背景，了解作者的生平思想和创作意图。

小说种类繁多，不同类型的小说在具体的读书方法上也有差异。长篇小说（10万字以上）由于其篇幅长、容量大、人物众多、故事情节复杂，阅读时多使用浏览阅读法，通过读提要、目录、序言、后记以及选读正文，以快速了解小说主要内容和读书价值。此外，借助文学评论阅读也是其方法之一。

中篇小说（3万~10万字）介于长篇、短篇小说之间，所以长篇、短篇小说的读书方法也适合于中篇小说的阅读。此外，要更多地运用题材阅读法，即将不同阶段的同一主题的作品联系起来阅读，以期发现作品之间的内在联系，或从一种题材的侧面认识文学作品在主题挖掘、人物塑造、艺术手法等方面的发展轨迹。

四、报纸、期刊

报纸、期刊是现代社会传递知识文化信息的一种重要载体形式，也是人们日常生活工作中不可或缺的一种阅读途径。"报"与"刊"是两种不同的形式，一般定期出版，极具广泛性、时效性、相对稳定性。

报纸多为一张一张的散页，定期连续出版，通常分为四版、八版，版面安排多有一定的规律。一般第一版多为重要时事新闻和评论，第二版和第三版分别为国内新闻和国际新闻，第四版为各种专栏或文艺作品，有些报纸还会有扩展版、周末版，内容会根据报纸定位别出心裁，比如汽车、旅游、文艺，等等。

期刊装订成册，是多篇文章的组合体，定期连续出版。主要分为学术期刊、文艺期刊和娱乐期刊，按照期刊定位，分为不同类型的主题，通常都有目录。

阅览报刊的方式，应先浏览目录、提要、标题等，了解本期概况，再确定重点内容进行精读，其他内容有选择略读即可。由于报刊刊登文章较为零散，应利用剪贴、摘抄、索引等方式达到整理、积累和巩固的效果。另外，对于同一问题，也应参照不同类型报刊的观点，以获得更加全面客观的信息。

第三节　针对不同年龄群体的读书方法

每一个读者都是一个独立的个体，由多种属性共同组成，哪种属性都无法完全代表一个个体。通过某个属性归类成为一个群体里的不同读者，即使阅读完全相同的内容，因其各自阅读需求、目标、能力、习惯、方法等有差异，其所采用的读书方法也是有差异的。因此，从年龄这个属性对读者进行归类后，我们所能做的是，根据不同年龄段读者所具有的共同特征，有针对性地进行阅读推广。

一、0~6 岁婴幼儿群体

在 0~6 岁的婴幼儿阶段适当地进行阅读活动，有助于激发其阅读兴趣，建立一定的阅读能力，还可以使婴幼儿通过视觉、听觉、触觉、味觉等多种途径接受看、听、读、写等全方位的教育，为他们的学习能力、认知能力打下良好基础[①]。针对这个群体，目前常见的阅读推广方法有儿童读书会、家长课堂等。

儿童读书会是围绕儿童读物开展多项主题的少儿阅读活动，根据孩子们选择的书籍种类了解其阅读兴趣，培养阅读习惯，激发想象力，提高思维能力，属于泛读法的一种。它旨在针对年龄较低的儿童，这个阶段的孩子由于智力水平与理解能力有限，并不需要掌握太过于学术性的知识。儿童读书会活动形式多样，内容丰富有趣，或邀请亲子教育名家讲述童话故事，带领共读，或以"一对一"的教学形式与小读者共同阅读绘本，讨论书中内容。

家长课堂是邀请阅读领航员与家长和孩子一起学习少儿读本，通过讨论与交流，学习正确的教育方法，养成良好的亲子共读习惯，为孩子启蒙阅读打好基础。家长陪伴在幼儿教育中的重要性是毋庸置疑的，是能够让孩子爱上阅读的重要形式之一，同时也是家长和孩子进行交流沟通的良好纽带与桥梁。家长课堂的实质就是亲子阅读，在阅读的过程中，父母可以引导孩子去品味书籍中的相关内容，比如人物的外貌、语言、背景、性格特征等。孩子可以选择自己喜欢的进行阅读，这种主动式的阅读能够激发孩子的阅读兴趣。同时，家长还可以鼓励孩子用自己能够表达和理解的方式讲述故事内容，灵活地进行思考。此外，家长可以根据书籍内容有针对性地对孩子提出问题，引导孩子结合生活实际作答，这种形式能够有效地增强他们的想象力、表达能力，以及思考能力。

0~6岁的婴幼儿时期，是人的生命的起跑线，是人的智慧潜能开发的关键期。并且，人的终身阅读习惯始于其在儿童期所感受到的快乐阅读，所以一定要在这个关键期重视培养孩子的阅读能力。作为公共图书馆，如何抓住这个时期培养孩子的阅读能力，吸引孩子走进图书馆，是摆在我们面前的重要课题。目前，公共图书馆经常采用亲子阅读、经典绘本、启智阅读、玩具书辅助、手工活动、亲子游戏、创意绘画等阅读推广方式有针对性地开展阅读推广活动，其中优秀的案例值得我们学习。

① 刘小菲.美好人生从婴幼儿阅读开始——关于少儿图书馆0~6岁婴幼儿阅读推广工作的思考［J］.科教导刊—电子版（上旬），2018（6）：134–135.

案例推荐（1）：苏州图书馆"悦读宝贝"计划

苏州图书馆于 2011 年启动了"悦读宝贝"计划，该计划借鉴发端于英国的 Bookstart 运动，针对 0~6 岁这个年龄段的群体，开设特色服务，包括设立"悦读园"，向 0~3 岁婴幼儿免费发放"阅读大礼包"等。同时将家长沙龙、"家长课堂"培训、"悦读妈妈"志愿者培训、"我给孩子讲故事"比赛等亲子阅读辅导活动整合起来，形成了"悦读宝贝计划"这个涵盖儿童整个成长阶段的阅读服务品牌。

"阅读大礼包"内有婴幼儿读物、《亲子阅读》指导书、阅读测量尺、《蹒跚起步来看书》敲章册以及宣传册页等，本市户籍 0~3 岁的婴幼儿都可免费领取。2017 年共发放大礼包 6000 余份。

悦悦姐姐教我念儿歌：这是专为 0~3 岁宝宝开展的活动。老师带领小朋友们将儿歌与手指操相结合，宝宝可以一边享受快乐活泼的音乐氛围，一边和爸爸妈妈念儿歌、做运动。2017 年共举办了"儿歌时间"30 场，参与的幼儿人数达到了 793 人。

图 6-7 苏州图书馆开展的"悦悦姐姐教我念儿歌"活动

图 6-8 苏州图书馆开展的"听故事姐姐讲故事"活动

2017 年 3 月，"悦读宝贝"计划又有了新举措，与"苏州市未成年人流动图书大篷车"相结合，将更多优秀的图书资源直接送到了幼儿园小朋友的手中。

鉴于苏州图书馆少儿阅读推广工作取得的成绩，2013 年，"悦读宝贝"计划正式被 Bookstart 英国总部认可，苏州图书馆成为中国大陆首家成员馆。"悦读宝贝"计划获 2011 年第六届苏州阅读节优秀活动奖，2014 年第六届江苏省公共图书馆服务成果二等奖、2014 第九届苏州阅读节优秀活动奖、第十一届江苏省"五星工程奖"服务项目奖。

此外，近年来，世界各国学龄前儿童早期阅读推广活动如雨后春笋，层出不穷，各种阅读推广模式、案例有助于幼儿智力发展，培养儿童成为积极的读者，越来越多的国家政府和社会公益性机构对此都十分重视，如英国、美国、德国等政府，均不遗余力地积极投入到推动 0~6 岁婴幼儿阅读运动之中。

案例推荐（2）：英国"宝贝篮子"项目

"宝贝篮子"是英国少儿图书馆针对低幼儿童提供的新型馆藏资源，适用于 3 岁以下的孩子。根据英国儿童早期心理学专家的启发式玩耍理论，儿童与各种不同质感、不同功能、不同形状的事物反复接触能够促进他们感官和认知等方面的发展，同时还能激发其想象力。篮子里的"宝贝"是大家非常熟悉的日常生活用品，通常分为自然物品、木质物品、纸张或硬纸板等。家长和馆员需要在孩子玩耍的过程中进行必要的监管，确保孩子的安全。这样的"宝贝篮子"和各式玩具，深受孩子们喜爱。

二、青少年群体

青少年是祖国的未来，民族的希望，他们的素质水平，决定着国家的前途和命运。阅读是青少年成长的基本需要，他们通过阅读可以获取知识、接受文化、了解信息。阅读能力是教育的基石，是青少年学生可持续发展的前提。青少年学生只有具备了一定的阅读能力，才能看得懂教材、听得懂教师的讲解，才能不断接受新知识从而构建自己的知识大厦，才能开展卓有成效的自主学习以实现更高的人生目标。因此，培养青少年学生的阅读能力，激发青少年学生阅读的自觉性，让学生爱读书、会读书、读好书，把学生培养成为真正的读书人，是教育的一项重要责任。阅读能够促进青少年的道德成长，西方很多学者都以亚里士多德的德性论为基础阐发阅读对道德成长的促进作用。人类几千年的文化发展史告诉我们，一个人的精神发育史实质上就是个人的阅读史。一个人在青少年时代读了哪些书，注定要影响他的一生。他的心灵空间、人文视野、价值取向、精神归宿、文化胸襟、审美情趣等都是以此为基点发展和稳定下来的。

案例推荐（1）：太原市图书馆"小小马克思"培养计划

2018 年 5 月 10 日，在太原市委宣传部直接领导和精心策划下，集文献整合、空间功能叠加于一体的全国公共图书馆首创主题书房——马克思书房，在太原市图书馆正式揭牌向公众开放。开放参观以来，马克思书房各类主题教育丰富多彩，阅读推广如火如荼，获得广大群众的喜爱，媒体争相报道。其中，"小小马克思"培养计划作为在马克思书房开展的一个系列阅读推广活动深受青少年喜爱。

太原市的部分中小学生、老师和家长们参加了"小小马克思"培养计划活动。在活动中，太原市图书馆邀请大学教授、学校老师、时代新人为孩子们激情讲述马克思的故事、红色革命故事以及新时代不断涌现的时代新人的感人事迹。学生还可参加马克思书房的邮局投递明信片环节，学生、老师及家长们在明信片上写下学习感言："马克思身上为了理想而不懈奋斗的精神，也是时代新人所具备的美好精神，正值青春年华的我们，更应有这种脚踏实地的拼搏精神"；"希望15年后再来到这里，闻着书香，受到知识的熏陶，回味美好的时光，愿马克思精神相伴一生"；"将来要做一名心理分析师，聆听每个人的心声，为他们驱散内心的阴霾"；"希望能打破人类常规思想，成为一名改变世界、刷新观念、创造时代的程序员"；"希望能靠自己的奋斗成为一名金融专家，帮助更多的人"；"优秀的人还在努力，我们更应该奋斗，争当时代新人"。孩子们的语言虽稚嫩，却传递了不忘初心、牢记使命的时代精神，马克思书房为他们带来了深深的震撼，马克思思想和精神的种子，深深扎根在了孩子们的心中。

图6-9（a） 学生在太原市图书馆马克思书房参加"小小马克思"培养计划活动　　图6-9（b） 学生在太原市图书馆马克思书房参加"小小马克思"培养计划活动

案例推荐（2）：太原市图书馆"太宝Party"

太原市图书馆少儿品牌活动——太宝Party，打造少儿"一站化"阅读研学体验中心。该品牌活动包含：太宝国学（组织开展国学小课堂活动，弘扬优秀中华传统文化）、太宝小工匠（动手动脑，协调发展，在参与实践的过程中感受阅读的魅力）、太宝故事汇（开设绘本故事课堂，让孩子们聆听生动的故事讲解）、太宝面向未来（科技小制作、小发明参与互动及展示）、3D 海洋馆等子品牌。

图 6-10　太原市图书馆"太宝 party"——绘本故事课堂吸引众多年轻父母带孩子前来参加

案例推荐（3）：太原市图书馆——太图环保小卫士

立足太图平台、跨界合作、宣传环保知识，开展环保沙龙、环保市集、环保展览等活动，培养孩子关注地球、关注环境保护，从我做起。同时展示并推荐阅读环保类书籍。

图 6-11　太原市图书馆"太图环保小卫士"活动

案例推荐（4）：太原市图书馆"太图研学"

以太原市图书馆为平台，以中华优秀传统文化、地域文化为核心，以社会参与的各类"模块化主题"课程为特色，发挥图书馆教育职能，邀请不同年龄层次的青少年到图书馆参与研学活动，打造图书馆特色研学课程。

（a）

（b）

（c）

图6-12（a）（b）（c）太原市图书馆"大图研学"活动，形式多样、内容丰富

三、成人群体

公民的阅读能力是提升国家综合竞争力的关键，知识经济时代，公民可通

过阅读积累和更新知识，提高自身素质，阅读有助于改善精神文化生活及整体国力的提升。近年来，在图书市场日益繁荣和网络阅读日益兴盛的背景下，日常阅读空间越来越大，阅读选择越来越多样，也越来越向个人化方向发展。大众阅读也因为个人喜好而产生了更加个性化的阅读需求，由此导致分众阅读渐成趋势。如何有效引导社会大众开展全民阅读就成为当下迫切需要关注的话题。成人群体阅读可采用专题讲座、展览展示、图书推荐、阅读沙龙等阅读推广方式开展。

案例推荐（1）：太原市图书馆"人说山西好风光"

第一阶段：深挖旅游资源，整合景点特色，制定特色旅游路线，发现"大美山西"。打造一个文旅融合平台，对接市民和景区，开拓文化视野。由太原市文化和旅游局指导，省内各地风景名胜区管委会和旅行社共同参与设计、研讨，制订有效落实方案。

图6-13　太原市图书馆"人说山西好风光"文化讲座

第二阶段："人说山西好风光"宣传推广活动。开辟"解密山西系列讲座"板块。定期邀请省（市）知名历史、文旅、民俗、曲艺、中医药等地方文化代表学者和专家做客太图、宣传山西；创新"太原书院"，传播优秀传统文化，深度挖掘山西文化、非遗、曲艺、民歌等不同主题的文化内核，讲好魅力山西；打造"指尖上的非遗"地方文化品牌，与太原市非遗保护中心深度合作，展示非遗技艺，传承优秀民族文化。

第三阶段："图书馆＋"，联合出版界，讲好新时代山西故事。走进山西，联手商务印书馆、三晋出版社、北岳文艺出版社、春秋电子音像出版社，推荐优秀晋版书籍、优秀山西作家，让更多的市民了解"山西好书"。

第四阶段：整合馆藏图书资源，焕发图书新生机。整理推出地方文献图书专架，与阅读推广相互融合，从山西的历史、经济、社会、旅游等方面向市民介绍多元化的山西文化，设立地方文献图书专架，发挥馆藏优势，让市民从太原市图书馆出发了解山西。

图6-14 太原市图书馆开展"地域文化与诗词艺术"读者沙龙活动

案例推荐（2）：太原市图书馆"书香雅集"

发扬传统文化，展现中华魅力。将中国传统文化技艺，如：古琴演奏、国画、香道、插花、唐诗宋词鉴赏、传统戏剧、传统服饰、中国经典名著解读等，以市民课堂、名家讲座等形式开展，突出互动性和实践性，让市民深入体验中华传统文化之美。

图 6-15（a） 太原市图书馆开展"书香雅集"活动，特邀非遗传承人为广大读者展示非遗技艺，与读者互动实践，感受非遗魅力

图 6-15（b） 太原市图书馆开展"书香雅集"活动，特邀非遗传承人为广大读者展示非遗技艺，与读者互动实践，感受非遗魅力

　　跨界融合，打造市民传统文化体验中心。邀请太原知名的闻昭诗乐社、元音琴社等国学文化团队，走进太图，开展"国学讲座""太宝礼韵国学馆""观四库、抄经典"等活动，针对书画、花道、古琴演奏等操作性强的活动，增加市民参与的互动性，让更多的参与者在活动中感受传统文化的魅力。

图 6-16（a）　太原市图书馆开展"书香雅集"国学礼仪展示活动，使读者感受传统文化魅力

图 6-16（b）　太原市图书馆开展"书香雅集"国学礼仪展示活动，使读者感受传统文化魅力

案例推荐（3）：湖南图书馆"追梦育人，湘阅一生"分龄分众阅读推广案例

湖南图书馆站在全民阅读的桥头堡上，引领湖南的阅读推广创新。2013 年湖南图书馆建立了女子图书馆和老年图书馆，加上已有的少儿图书馆，形成了分龄分众的阅读服务框架。借这个契机，湖南图书馆建立了阅读推广工作室，立足"三馆"，联合馆内其他部门，开展"湘阅一生"阅读推广活动。

优雅学堂，悦人悦己。 女子馆邀请湖南卫视专业化妆师、形体培训师、礼仪讲师等打造了"优雅学堂"，开展"遇见最美的自己""现代女子如何优化行为礼仪"等主题讲座，还有茶道花艺、咖啡品鉴等活动也深受广大女性读者的欢迎。

国学品读，鉴赏经典。 针对老年读者群体开展"国学品读课堂"，聘请志愿者为领读老师，品读了《大学》《中庸》《史记》等经典图书。同时还开展策划"太极与健康"系列讲座、引进了"汉服"和"中医"，对古代服装、《黄帝内经》《伤寒杂病论》进行宣传。

创享空间，内容丰富。 创享系列中的"助您上网工程"与湖南大学志愿团队合作，手把手教老年读者学习使用现代信息化产品；与中南大学湘雅二医院等合作开展健康养生系列讲座；与市老龄委合作承办老年节系列活动；与律师事务所合作为老年读者解读老年法、遗产法等法律问题。

读书方法与阅读推广优秀图书100部

1. 书　　　名：《塑造中华文明的200本书》

作　　　者：王余光、宁浩

出 版 社：武汉大学出版社

出版时间：1997年2月

推荐理由：

初唐名臣魏徵对经籍曾发表过一番宏论，他说：经典是圣贤智慧的结晶，可以用来领悟宇宙的奥妙，窥探天地、阴阳的消息，端正世间的纲纪，弘扬人类的道德。进则可以救济世人，退则可以独善其身。读经籍可开启智慧，否则就会落后。成大业者能推崇经籍，则将有令人敬重的光明德行。百姓能够以经籍为念，则将为世人看重。统治天下者若要树立政声、显扬德威、敦励教化、移风易俗，哪有不从经籍而来的呢？今人因经籍而知古事，后人因经籍可知今事，经籍的意义不可谓不重大。中华民族是一个重古训、尊先法的民族，对前人圣贤的大道理看得特别重。在这样一个民族社会的背景下，凝聚着前辈思想的典籍，就不仅具有一种狭义的学术意义，同时在政治、思想、文化等方面都发生着不可估量的影响作用。

2. 书　　　名：《大学生文化素质教育百部名著导读》

作　　　者：丁忱、丁俊萍、王兆星、王余光

出 版 社：武汉大学出版社

出版时间：1997年8月

推荐理由：

本书具有通俗易懂、深入浅出的特点，每篇导读在提纲挈领地概括原著主要内容的基础上，将着重点放在指导学生阅读上，即告诉读者如何去阅读和理解原著，掌握其精神实质，并反映了与原著相关的内容，如原作者概况、成书过程及其时代背景、社会影响、评价、版本推荐等。旨在帮助读者通过阅读进行思考，进而提高对原著的鉴赏能力。突出指导性，使本书更具有较强的针对性和实用性。

3. 书　　　名：《名著的选择》

　　作　　　者：王余光、邓咏秋

　　出 版 社：云南人民出版社

　　出版时间：1999 年 7 月

推荐理由：

本书是大型导读丛书"读好书文库"的总论。讨论文库选书的依据、读书的方法，并收录 80 个中外经典推荐书目，如胡适、钱穆、鲁迅、海明威、毛姆、托马斯·曼开列的书目。本书还根据这 80 个书目统计出《中国名著排行榜》和《外国名著排行榜》。如果您想阅读中外最经典的名著，而不知从何下手，那么从读这本书开始吧。它一定能鼓励您读书的热情！

4. 书　　　名：《名著的阅读》

　　作　　　者：王余光

　　出 版 社：云南人民出版社

　　出版时间：2001 年 9 月

推荐理由：

本书通过书与人类进步、书与中华文明、阅读的时代变迁、重温人文经典、名著与导读等内容来论述素质教育。本书目的是为广大读者提供一批书籍，它们从各个不同的侧面充实读者，帮助他们提高素质；而这些书籍在提高读者素质这一点上又自成一个系统，这是一种对于古籍和出版图书的定向整合，是一种有益的尝试。

5. 书　　　名:《读书随记》

　　作　　　者：王余光

　　出 版 社：东南大学出版社

　　出版时间：2002 年 5 月

推荐理由：

本书分《名著的选择》《读书谈话录》《珞珈读书志》《师门问学记》，收录了若干篇随笔。

6. 书　　　名:《影响中国历史的三十本书》

　　作　　　者：王余光等

　　出 版 社：武汉大学出版社

　　出版时间：2007 年 4 月

推荐理由：

中国图书馆学会科普与阅读指导委员会编。精选对中国历史产生过重大影响的 30 种图书（先秦到 1949 年），依据中国文化发展的特点将其分为根源篇、创变篇和维新篇，旨在体现中国文化思想发生、发展和转变的过程。

7. 书　　　名:《文献学与文献学家》

　　作　　　者：王余光

　　出 版 社：国家图书馆出版社

　　出版时间：2008 年 10 月

推荐理由：

国家"十一五"重点图书出版规划项目。《文献学与文献学家》选收作者 1984 年以来发表的论文近 20 篇，内容涉及文献学、目录学方面，详细总结了近百年来中国文献学的发端、发展及所取得的成绩，论证了现代文献学的建立、内容与学科体系，对一些重要文献学家、文献学史及史志书目等专题也做了较为深入的研究。

8. 书　　　名:《中国出版通史·8，民国卷》

　　作　　　者：王余光、吴永贵

　　出 版 社：中国书籍出版社

　　出版时间：2008 年 12 月

推荐理由：

国家社会科学基金重点项目。本书内容包括：民国出版业的发展、出版与社会文化、科教书出版等。

9. 书　　　名:《阅读，与经典同行》

　　作　　　者：王余光

　　出 版 社：海天出版社

　　出版时间：2012 年 11 月

推荐理由：

本书主要内容包括：我们不得不面临的时代、让阅读成为我们生活的一部分、"阅读，与经典同行"、信息时代的三个阅读问题、推荐书目与传统经典的命运等。

10. 书　　　名:《读书四观》

　　作　　　者：王余光等

　　出 版 社：崇文书局

　　出版时间：2004 年

推荐理由：

纵观中国古代关于读书为学的这些古训、典故，虽然也存在着"书中自有黄金屋，书中自有颜如玉"之类反映腐朽思想、低级情趣的言论，但其主流是积极的。它注重道德情操的培养，把为学与为人结合起来，强调从自我修养做起，进而达到崇高的精神境界。常言道："少年读书，如隙中窥月；中年读书，如庭中望月；老年读书，如台上玩月；皆以阅历之浅深，为所得之浅深也。"本书所选《读书训》《读书止观录》《读书纪事》及《先正读书诀》，均为明清时期著名藏书家、学者辑集的中国先秦以来的读书古训和读书掌故。

11. 书　　　名：《中国阅读通史·先秦秦汉卷》

　　作　　　者：王余光

　　出 版 社：安徽教育出版社

　　出版时间：2017 年 12 月

推荐理由：

　　本书《先秦》编中，重点讨论了文字产生、文本形成以及学校教育兴起、学术下移等事件对阅读活动的影响；论述了汉文阅读诞生的过程及其主要特征，并对先秦时期的主要阅读群体进行了划分。《秦汉》编中，首先讨论了社会政治环境、知识载体变迁、教育活动、文本形态等因素对阅读活动的影响，在此基础上，总结了秦汉时期人们阅读行为的主要特征，以及代表性人物的主要事迹。

12. 书　　　名：《中国阅读通史·魏晋南北朝卷》

　　作　　　者：王余光

　　出 版 社：安徽教育出版社

　　出版时间：2017 年 12 月

推荐理由：

　　本书详细阐释了魏晋南北朝时期中国阅读史的发展状况。首先，介绍了魏晋南北朝时期的社会历史特征，以及读物变迁的情况。接下来，分别分析了藏书、教育事业发展对阅读的影响。最后，总结了魏晋南北朝时期阅读行为的特征，包括阅读群体的转变、阅读风尚的转移等等，并对这一时期的阅读理论和方法进行了阐释。

13. 书　　　名：《中国阅读通史·隋唐五代两宋卷》

　　作　　　者：王余光

　　出 版 社：安徽教育出版社

　　出版时间：2017 年 12 月

推荐理由：

　　本书论述了自隋唐至宋末中国阅读史的发展状况。在《隋唐五代》编中，首先介绍了这一时期图书文化事业的概貌，其次论述图书和知识分类体系变迁对阅读活动的影响。接下来从雕版印刷术的发明和推广、科举制度与阅读风尚，以及经典内涵的变迁等角度，阐释了隋唐五代时期阅读活动的新变化。在《两宋》编中，重点阐释了在印本书的兴盛、图书数量累积的背景下，阅读活动的新发展，认为这一时期是我国古代阅读文化丰富与完善的历史阶段，对经典的解释和阅读达到了一个巅峰。

14. 书　　　名:《中国阅读通史·辽西夏金元卷》

　　作　　　者：王余光

　　出 版 社：安徽教育出版社

　　出版时间：2017 年 12 月

推荐理由：

本书介绍了西夏、辽、金、元三个政权的历史文化特点，由于这些国家都是由文化上相对落后的少数民族所建立的，所以在立国之初都经历向汉文化学习，和建立本民族文字、文化传统的过程，在这个过程中，阅读活动受到了统治阶层的推崇，产生了丰富的阅读文化和阅读理论。

15. 书　　　名:《中国阅读通史·明代卷》

　　作　　　者：王余光

　　出 版 社：安徽教育出版社

　　出版时间：2017 年 12 月

推荐理由：

本书以明代的阅读活动为研究对象，首先回顾了明代的历史文化背景及其对阅读活动的影响，然后分别按照皇室、文人知识分子等为划分标准，阐述了各类阅读群体的阅读活动及其特征，最后总结了明代阅读理论和方法的新发展。

16. 书　　　名:《中国阅读通史·清代卷·上》

　　作　　　者：王余光

　　出 版 社：安徽教育出版社

　　出版时间：2017 年 12 月

推荐理由：

本书研究对象为清代前期（1840 年）以前中国阅读史的发展情况。清代是中国最后一个封建王朝，传统文化至此发展至巅峰，出现了编纂《古今图书集成》《四库全书》等一系列重大的文化事件，对阅读活动的影响十分深远。本书首先回顾了清代前期的社会、文化、政治背景对阅读的影响，在此基础上，按照读者类别分别介绍了各类型读者的阅读行为和阅读经验，最后总结了清代前期出现的各种阅读理论和方法。

17. 书　　　名：《中国阅读通史·清代卷·下》

　　　作　　　者：王余光

　　　出　版　社：安徽教育出版社

　　　出版时间：2017 年 12 月

推荐理由：

本书论述了自 1840 年至中华民国建立之前中国阅读史的发展情况。晚清是中国历史上前所未有之大变革时期，在这一阶段，中国完成了从传统向现代的过渡，建立了新的知识结构和学术体系。本卷首先分析了社会变迁、文化政策、教育制度的变革对阅读活动的影响，接下来分别从阅读群体以及近代图书馆的建立等角度，阐释了晚清时期阅读活动的新变化，最后总结了这一时期的读书方法及其产生的深远影响。

18. 书　　　名：《中国阅读通史·民国卷》

　　　作　　　者：王余光

　　　出　版　社：安徽教育出版社

　　　出版时间：2017 年 12 月

推荐理由：

本书首先探讨了我国传统的阅读体系与晚清西学东渐以来形成的新的阅读体系之间的冲突与融合，描绘了近代阅读转型的过程。在此基础上，总结了民国时期的时代阅读风潮，并对民国时期阅读活动的新特点，如大众通俗阅读兴起与传播，报刊阅读热潮，进行了梳理和概括，最后讨论了三个民国阅读史上引起争议的议题：推荐书目、经典阅读以及近代读者群体的形成。

19. 书　　名:《中国阅读通史·理论卷》
　　作　　者：王余光
　　出 版 社：安徽教育出版社
　　出版时间：2017 年 12 月

推荐理由：

本书首先回顾了中外阅读史研究的现状，其次讨论了文本变迁、社会环境、教育、社会意识、宗教、学术、知识体系，以及生活时尚等因素对阅读行为的影响。在此基础上，总结了我国阅读传统的特征和我国古代的各种阅读理论。

20. 书　　名:《中国阅读通史·图录卷》
　　作　　者：王余光
　　出 版 社：安徽教育出版社
　　出版时间：2017 年 12 月

推荐理由：

本书以图片的形式展现了先秦秦汉至民国时期的读书概况，内容丰富，质量上乘，篇篇精美，精选的近 400 张珍贵的图片，多为国家级馆藏，每幅图片配有内容详解，读者翻阅这些图片及文字，即可大致了解从古至今中国阅读发展的境况及走势。

21. 书　　名:《中国图书馆史·古代藏书卷》
　　作　　者：王余光
　　出 版 社：国家图书馆出版社
　　出版时间：2017 年 10 月

推荐理由：

国家社科基金后期资助项目、"十三五"国家重点图书出版规划项目。本书为古代卷，是对先秦到清代时期的藏书史及图书馆发展史的记录。

22. 书　　　名：《让孩子着迷的 101 本书》

　　作　　　者：阿甲、萝卜探长

　　出 版 社：时代文艺出版社

　　出版时间：2003 年 12 月

推荐理由：

本书是关心儿童阅读的家长和老师必备的导读性质的读物。作者从古今中外适合当代儿童阅读的读物中，精选出 100 余种图书，分为古典名著、图画书、童话、历险奇遇故事、动物故事、侦探故事、科普科幻故事、魔幻故事、成长故事、漫画故事等十大类，以随笔的形式，详细介绍作品的内容和背景，漫谈阅读感受，并努力探究这些作品之所以让孩子们着迷的原因。同时，本书还收集整理了这些作品的出版信息，从适合阅读的版本、适合阅读的年龄段和是否适合大声为孩子读的角度，提供细致的建议。

23. 书　　　名：《阅读儿童文学》

　　作　　　者：梅子涵

　　出 版 社：少年儿童出版社

　　出版时间：2005 年 11 月

推荐理由：

从 20 世纪 90 年代末开始，梅子涵就开始致力于将国外优秀的儿童文学作品介绍到中国来。他写的故事介绍因为文辞的优美和其对文本卓越的解读能力，广为流传，电台和报纸为此开辟了《子涵讲童书》的栏目。《阅读儿童文学》是这些散落各处的文章的结集，书中涉及 77 个优秀的儿童文学作品，让成人了解到给孩子看的书并不是只要有小猫、小狗就可以了，不是我们以为的小儿科——真正优秀的儿童文学作品如同一口源泉，能够不断地汩汩涌出甘洌的泉水，以此滋润孩童的心灵！

24. 书　　名:《我们班的阅读日志：做一个自觉的儿童阅读推广人》

　　作　　者：薛瑞萍

　　出 版 社：北京师范大学出版社

　　出版时间：2007 年 3 月

推荐理由：

本书真实地展示了作者带着孩子们背儿歌、诵童诗的过程，展示了她在亲近母语的影响下，给孩子们讲述童书，带领小组老师们一起读童书，带领城乡接合部的家长们一起读童书、写笔记的足迹。在她的字里行间，我感受到的不仅仅是她带给孩子们的浓浓书香，更是一种震撼，一种做自觉的儿童阅读推广人的信念的震撼。

25. 书　　名:《帮助孩子爱上阅读：儿童阅读推广手册》

　　作　　者：阿甲

　　出 版 社：少年儿童出版社

　　出版时间：2007 年 8 月

推荐理由：

阿甲是儿童阅读推广人、红泥巴读书俱乐部创始人。这本书积累了他多年的儿童阅读推广经验，旨在探讨如何通过推广儿童阅读的方法来改善儿童阅读社会生态环境。作者认为，儿童阅读的问题实质上是一个社会问题，仅仅解决个体的阅读问题是远远不够的。因此与一般介绍儿童阅读的书籍不同，本书侧重于从社会学的角度探讨引导儿童阅读的思路和方法：从单个个体、家庭、学校出发，拓展到不同社会范围内的儿童阅读问题；从引导儿童个体和群体的读书方法出发，拓展到在社会各个层面上推广儿童阅读的方法。同时，也介绍了大量的国内外阅读实例和推广实例。

26. 书　　名:《不会阅读的孩子：如何帮助阅读障碍儿童》

　　作　　者：刘翔平

　　出 版 社：华东师范大学出版社

　　出版时间：2008 年 3 月

推荐理由：

有些孩子智力水平正常，但在阅读和书写方面严重落后，这一现象被称为阅读障碍。本书探讨了儿童阅读障碍的各种表现类型及其成因，并且针对不同类型提出了相应的解决方法，为父母和老师解决儿童的阅读障碍提供借鉴。

27. 书　　　名：《图像时代的早期阅读》

　　作　　　者：陈世明

　　出 版 社：复旦大学出版社

　　出版时间：2008 年 11 月

推荐理由：

本书是 2006 年度国家社科基金项目"图像时代的早期阅读研究"（子课题）、厦门市重点课改项目"幼儿园早期阅读指导策略的研究"成果之一，是三年来作者在厦门十多所幼儿园进行大量的调查实践的经验总结。本书能帮助广大学前教育工作者、家长以及社会各界人士较全面地了解图像时代早期阅读的特征、价值与意义，科学地认识不同年龄段孩子阅读需求的特点，有效地掌握阅读的指导策略。书中对早期阅读读本材料构建问题提出了科学、有效的建议，对于当前我国儿童图画书的编创具有很好的实际参考价值。

28. 书　　　名：《亲子阅读：送给 0~12 岁孩子的父母》

　　作　　　者：邱冠华

　　出 版 社：国家图书馆出版社

　　出版时间：2010 年 4 月

推荐理由：

《亲子阅读：送给 0~12 岁孩子的父母》是一本亲子阅读指南，主要内容有：亲子阅读常见问题、好书推荐、亲子阅读技巧、亲子阅读案例等。书中不仅有阅读指导专业人士为父母支招，而且有众多著名的亲子阅读实践者现身说法。阿甲、两小千金妈妈、作家保冬妮等海内外 20 余位大"书虫"爸妈纷纷接受本书访问或撰写专文，讲述自己的亲子阅读经验。

29. 书　　　名：《阅读的方法与技巧》

　　作　　　者：本书编写组

　　出　版　社：世界图书出版公司

　　出版时间：2010 年 6 月

推荐理由：

本书主要内容包括：阅读是一门艺术、精读与精读方法、博读与博读方法、快读与快读方法、实用的阅读技巧、大家谈读书。

30. 书　　　名：《读书指南》

　　作　　　者：梁启超

　　出　版　社：中华书局

　　出版时间：2010 年 8 月

推荐理由：

本书是梁启超先生《国学入门书要目及其读法》和《要籍解题及其读法》的合集，介绍了国学主要书籍的基本信息和读书方法。此外还谈了许多梁启超先生切身的读书经验，为国学学习指出了正确的方向。

31. 书　　　名：《让孩子爱上阅读》

　　作　　　者：刘颖

　　出　版　社：中国水利水电出版社

　　出版时间：2010 年 12 月

推荐理由：

作者以自己多年的育儿经验，结合国内外著名专家的理论、成功家长的心得以及名人案例，以轻松愉快的笔调、深入浅出的解说，与您一起探讨有关培养宝宝阅读的问题与方法。本书包括亲子阅读常见问题、好书推荐、亲子阅读技巧、读书方法与指导、亲子阅读案例等，为父母们支招，讲授亲子阅读经验，帮助父母们培养出更加聪明、健康、快乐的天才宝宝。

32. 书　　名：《共享阅读：送给家长、老师和所有想组织读书活动的人》

　　作　　者：吕梅

　　出 版 社：国家图书馆出版社

　　出版时间：2011 年 3 月

推荐理由：

　　如果你是家长、老师、图书馆员和想组织图书活动的人，那么，你需要了解：怎样组织好玩的读书活动？怎样设计有趣的阅读延伸活动？本书详细介绍中外各类优秀的读书活动，并重点推荐三类适合共享阅读的图书，还针对一些图书列出共享阅读建议。本书既可用于指导青少年读书活动，也可用来指导成人读书活动。

33. 书　　名：《世界儿童文学·阅读与经典》

　　作　　者：彭懿

　　出 版 社：接力出版社

　　出版时间：2011 年 9 月

推荐理由：

　　该书是一本专门介绍世界经典儿童文学的书，对 1812 年《格林童话》诞生以来，两百年世界儿童文学史经典作品进行了系统的介绍和有趣的解读。全书涉及世界儿童文学作家百余人、世界经典儿童文学作品近 200 部、精彩书籍封面和插图 300 余幅。该书引领读者跨越儿童文学的门槛，走进儿童文学的世界，了解儿童文学的基本模式，熟悉儿童文学的分类，品读儿童文学的故事情节，感受儿童文学人物的魅力。

34. 书　　名：《世界图画书·阅读与经典》

　　作　　者：彭懿

　　出 版 社：接力出版社

　　出版时间：2011 年 9 月

推荐理由：

　　该书是一本关于如何阅读和欣赏图画书的阅读指南。全书分为上下篇，上篇是对图画书这一图书门类的介绍，下篇选择已经在国内引进出版的 60 余部世界经典图画书进行了精彩解读，附录不仅包含图画书重要奖项的介绍和权威推荐书目，还为读者的深入阅读和研究提供了主题索引。

35. 书　　名："这样读系列"丛书：包含《童话应该这样读》（汤锐）、《图画书应该这样读》（彭懿）、《科幻应该这样读》（吴岩）、《散文应该这样读》（徐鲁）

　　　作　　者：汤锐、彭懿、吴岩、徐鲁

　　　出 版 社：接力出版社

　　　出版时间：2012 年 2 月

推荐理由：

《童话应该这样读》：美妙的童话故事，照亮了我们童年的天空。在童话中，我们要读什么？怎样读才能理解童话的真谛？为什么说幻想是童话的灵魂和生命？有的抒情优美，有的热闹幽默，有的挑战幻想极限，有的蕴含了对人生独特的感悟，怎样欣赏风格全然不同的童话？怎样把握经典童话人物形象？怎样理解童话中奇妙的意象？

《图画书应该这样读》：通过具体的 7 个步骤，即封面和封底、环衬、文字和图画怎样讲故事、是什么力量推动我们去翻页、反复多看几遍、版面设计、讨论，以世界经典图画书作为案例，细致深入地逐页进行分析，教读者如何阅读和欣赏图画书，极具实用性和可读性

《科幻应该这样读》：作者吴岩结合中外科幻名著，揭示了科幻小说的乐观主义、未来担忧等四个内部看点和新世界、新时间等四个外部看点，引导读者找到科幻小说的阅读途径。

《散文应该这样读》：告诉读者什么是散文，从散文让心灵得到升华、让人享受恬静之美、促人励志的角度解释了为什么要读散文。并且用很多经典的散文案例，分析了如何读散文，同时作者在自己的经验基础上向读者推荐了阅读书目。

36. 书　　　名：《提高青少年阅读能力的方法与技巧》

　　作　　　者：余霞

　　出　版　社：现代出版社

　　出版时间：2012 年 6 月

推荐理由：

本书讲述了学习和阅读的一些步骤和方法，并提供了一些指导孩子学习和阅读的具体方法。本书共分为六章，主要内容包括：阅读是一门艺术、精读与精读方法、博读与博读方法、快读与快读方法等。

37. 书　　　名：《大量阅读的重要性》

　　作　　　者：李家同

　　出　版　社：中国人民大学出版社

　　出版时间：2012 年 8 月

推荐理由：

《大量阅读的重要性》源自李家同教授近年不断走访各地的演讲，讲题即为"大量阅读的重要性"，延续了对基础人文教育的重视、对弱势儿童的关怀，以及对城乡教育差距的关注。大阅读是基础教育的起点。"不能阅读"和所谓的文盲不同，它是指读了一本书或一篇文章，却弄不清楚里面在说什么，这就是缺乏阅读能力。我们的教育，过于专注细节，这已和阅读本身无关，会让孩子失去阅读的兴趣，也会阻碍对整篇文章或整本书的理解。对阅读的认知错误，让孩子只想追求标准答案，扼杀了他们的不同观点和想象力。根基没有打牢，更会往上延伸至高等教育，以及整体社会和国家竞争力，不可不慎重看待。

38. 书　　　名：《享受亲子阅读的快乐：1~6 岁儿童选书阅读全方略》

　　作　　　者：谭旭东

　　出　版　社：重庆出版社

　　出版时间：2012 年 9 月

推荐理由：

本书针对当前中国家庭亲子阅读现状，旨在帮助 1~6 岁孩子的家长，帮他们解答为什么要亲子阅读、亲子阅读该读哪些书、如何进行卓有成效的亲子阅读等棘手问题。全书由亲子阅读的价值、让幼儿亲近这些图书、亲子阅读方案、精彩亲子阅读案例等部分组成，尤其对家长有帮助的是，书后还分年龄段，对 1~6 岁的孩子分别列有参考书目，家长大可按照书目购买，不至于无从下手。

39. 书　　　名：《绘本阅读时代》

　　　作　　　者：方素珍

　　　出　版　社：浙江少年儿童出版社

　　　出版时间：2013 年 2 月

推荐理由：

在中国大陆，绘本的创作、出版、推广正形成热潮。方素珍的《绘本阅读时代》是一套关于绘本的普及性应用研究著作，充分体现着儿童文学的实践性品格。这是一本作家在二十多年的实践性"行走"中完成的书。书中大量的照片传递着感性的视觉信息，具体的数据显示着作者踏实的实证意识。由于在实践性的行走中完成，这本书是富于独特个性的；由于在海峡两岸之间行走，这本书融汇了中国大陆和台湾地区的绘本和儿童阅读的信息，对于两岸在绘本阅读、推广方面的交流，具有重要的意义。

40. 书　　　名：《感动童年的阅读》

　　　作　　　者：陈蓉

　　　出　版　社：中国社会科学出版社

　　　出版时间：2013 年 4 月

推荐理由：

本书共分一个故事一座花园、守候启蒙之路、涂写生命底色、亲子教育现场、最好的自己在这里等五个板块，内容包含绘本的读书方法、绘本解析、绘本阅读感悟和绘本中的教育体悟等。

41. 书　　　名:《与最适合的绘本相遇》

　　作　　　者:曲奇

　　出 版 社:北京联合出版公司

　　出版时间:2013 年 12 月

推荐理由:

妈妈给娃选绘本,通常有两步:第一步,知道什么是好的绘本,选择那些经典、隽永、值得反复回味的美好作品;第二步,探索最适合自己孩子的绘本,每一个孩子都是独一无二的,会有一些特定的绘本,在特定的时期跟孩子的精神产生共振,妈妈最好能在孩子最需要的时候找到它们。《与最适合的绘本相遇》这本书,是一个妈妈走过这两步的纪实。她看过大量的绘本,反复验证,跟绘本妈妈和专家们讨教,形成了一套为孩子选绘本、读绘本、让绘本与生活水乳交融的心得。

42. 书　　　名:《提高阅读能力的方法》

　　作　　　者:廖胜根

　　出 版 社:成都地图出版社

　　出版时间:2014 年 1 月

推荐理由:

本书介绍了有效阅读的方法与技巧,具体包括五章:阅读是一门艺术、精读与精读方法、博读与博读方法、快读与快读方法、实用的阅读技巧。

43. 书　　　名:《文化书写:阅读文化学概论》

　　作　　　者:皇甫晓涛、孟桂兰

　　出 版 社:中国文史出版社

　　出版时间:2014 年 3 月

推荐理由:

本书从影响阅读行为、思考方式的潜文化阅读观念及其与读书方法的内在联系入手,建构了现代阅读的范畴和体系,并从文化视野、阅读心态、思考环节、教育过程以及文化、社会角色各方面较为全面地揭示了阅读活动的效应、功能及其与创造活动隐秘、复杂的内在联系,体现了现代阅读学实践性、综合性、工具性与创造性融为一体的学术品格。全书深入浅出，以现代心理学、教育学及诸多相关人文学科成果为理论依据，以广大青少年及青年学生、学者为思考对象，以著者及其周围学者群为个体借鉴、感受基础，以人的发展及其创造活动为思考核心，将阅读作为一个文化活动过程，对其功能问题进行了综合性的分析和描述。

44. **书　　　名：**《孩子的早期阅读课》

　　作　　　者：马玲

　　出 版 社：漓江出版社

　　出版时间：2014 年 8 月

推荐理由：

如何引领孩子阅读、理解和表达？如何指导和评价孩子的作品？书中列举了30 余幅孩子的写绘作品进行分析，精选儿歌童谣、绘本、童话故事、儿童诗 80 余篇，并介绍了世界著名儿童专家的观点，有很高的知识含量和技术含量。书中强调的教育误区和给家长的建议，更是作者大量教育教学的实践经验所在。《孩子的早期阅读课》具有指导性和极强的可操作性，适合广大教师、教育工作者、父母阅读。

45. **书　　　名：**《天下万世共读之：公共图书馆与阅读推广》

　　作　　　者：吴晞

　　出 版 社：上海科学技术文献出版社

　　出版时间：2014 年 8 月

推荐理由：

本书共分上、下两编。上编是关于公共图书馆的内容，包括图书馆精神、理念、核心价值等基础理论的研究，对于信息技术在图书馆的应用也提供了经典的案例。下编是有关阅读推广的内容，包括公共阅读理念、公共图书馆阅读推广方法、对数字阅读趋势进行辨析、个人阅读体会等。

46. **书　　　名：**《最受孩子欢迎的阅读课》

　　作　　　者：郭志刚

　　出 版 社：北京工业大学出版社

出版时间：2014 年 9 月

推荐理由：

本书针对孩子的具体情况给家长提供不同的培养阅读兴趣的方式。另外，书中也介绍了不同的阅读技巧，以及在培养良好的阅读习惯的时候需要注意的问题等。书中既考虑了孩子喜欢内容短小、生动的阅读特点，又充分地介绍了各种实用的读书方法。通过 100 余个故事，介绍了诸多阅读的方法，让孩子在轻松的阅读中培养阅读的兴趣。

47. 书　　名：《和孩子一起读书的幸福》

　　作　　者：欧群慧、赵子欧

　　出 版 社：清华大学出版社

　　出版时间：2015 年 1 月

推荐理由：

本书从阅读带给孩子的好处、如何给孩子挑选合适的图书、如何培养孩子的阅读习惯和读书方法，以及如何营造家庭阅读气氛等几个方面，生动形象地描述了一位母亲和女儿之间共同阅读的故事，分享和孩子一起读书的经验。

48. 书　　名：《我在台湾教语文：阅读不偏食》

　　作　　者：杨晓菁

　　出 版 社：台海出版社

　　出版时间：2015 年 5 月

推荐理由：

台湾地区获奖名师杨晓菁用独特的美味关系理念来进行语文教育，教孩子们使用独特的拆解文章方法，帮读者建立起脉络清晰的阅读思维，引导孩子全面、自由、有深度地进行阅读，帮助孩子提升理解能力与思辨能力，最终提升语文学习水平。

49. 书　　名：《快速阅读训练法》

　　作　　者：刘志华

　　出 版 社：中国纺织出版社

出版时间：2015 年 7 月

推荐理由：

本书详细分享了练就全脑快速阅读能力的超级秘诀。作者首先介绍了影响一生的读书方法——全脑快速阅读，改变效率低下的阅读习惯，并教会大家运用四大方法集中注意力，快速激活全脑思维，然后制作超级思维图卡，构建书本的知识网络结构，还提供了提高眼商的训练方法，使眼睛的视幅宽广，对文字的捕捉能力更强大，最后是三大速读方法的简介，附录是 21 天文章无声阅读训练计划。

50. 书　　　名：《在书中小站片刻》

　　作　　者：绿茶

　　出 版 社：中信出版集团

　　出版时间：2015 年 8 月

推荐理由：

《在书中小站片刻》是前媒体人、《绿茶书情》主编、最受追捧的阅读推广人绿茶的首部散文作品，回忆他 20 余年与书相伴的种种旧事和趣闻，包括与文学大师通信数载的私藏故事、在平凡生活中潜藏惊喜的书店故事以及对他影响至深的私人阅读故事。他从亲历者的角度，讲述那个阅读年代，文学大师与报刊编辑之间如何咬文嚼字又惺惺相惜、书店的黄金时代如何轰隆到来又渐行渐远……带着当代文人特有的气质，坦诚地分享并找寻在纸页间拥有共鸣的那个你。书，让我们更宽容地去理解世界的复杂。

51. 书　　　名：《图书馆时尚阅读推广》

　　作　　者：王波

　　出 版 社：朝华出版社

　　出版时间：2015 年 12 月

推荐理由：

本书介绍了图书馆花样繁多的读书方式：密室逃生、以人为书、书脸阅读、书模表演、阅读疗愈、香氛及手作书籍……这些奇思妙想、好玩有趣的读书方式就是当下正在兴起的时尚阅读。图书馆工作者们用创新思维，让读者在汲取知识营养之余尽享读书之乐。那么这些极具创意的阅读推广活动是如何策划和实施的？效果如何？留给我们哪些启示？本书将为读者展示这些活动的全流程，以期为读者提供可资参考的样本。

52. 书　　　名：《书林掇拾录》
　　作　　　者：蔡思明
　　出 版 社：郑州大学出版社
　　出版时间：2015 年 7 月

推荐理由：

此为书话、书评和读书随笔集的评介文章选集。全书集中体现了"读书好，好读书，读好书"的阅读文化学理念和"读为基础，想为主导，落实到写"的图书评论学主旨，可作为初学者漫步书林的门径之书。以"书之书"读写活动为学术门径，用"书卷气"来培植专业主义精神，让来者亲近书本，徜徉书林，涵养书香情意，以营建读书人与读书人之间的磁场与气场。

53. 书　　　名：《风吹书叶》
　　作　　　者：钱军
　　出 版 社：上海科学技术文献出版社
　　出版时间：2016 年 4 月

推荐理由：

南京邮电大学图书馆馆长钱军先生的读书随笔集《风吹书叶》分为三辑。书由徐雁教授作序，其中说"春自寒夜立，风吹书页齐"，用这十个字点出本书命名的意境，韵味至佳。

54. 书　　　名：《不能错过的亲子阅读》
　　作　　　者：胡春波、邓咏秋、陆幸幸
　　出 版 社：国家图书馆出版社
　　出版时间：2016 年 9 月

推荐理由：

本书是为 0~4 岁婴幼儿家长量身定做的亲子阅读指导手册。既介绍了亲子阅读的基本问题及常见误区，又结合婴幼儿不同年龄段的发育特点，提出相应的亲子阅读指导意见。还从不同角度，分多个专题，讲述了如何为孩子挑选合适的图书，以及亲子阅读的技巧和方法等。作者还精选了一些童谣全文放在书中，通过二维码的方式，让经验丰富的少儿馆员示范给孩子读书的方法。

55. 书　　　名：《早读过了》

　　作　　　者：杨早

　　出 版 社：商务印书馆

　　出版时间：2017 年 3 月

推荐理由：

杨早师从北大中文系著名学者陈平原教授，热衷于大众阅读的推广与实践，除对专业领域内过眼新书多有评论推介，亦尝试将专业视角对准当下，对当下出版、媒体与阅读生态都有犀利的观察与评论。本书亦辑录相当多的短书札，以志其推广大众阅读的雪泥鸿爪。

56. 书　　　名：《从书籍史到阅读史：阅读史研究理论与方法》

　　作　　　者：戴联斌

　　出 版 社：新星出版社

　　出版时间：2017 年 3 日

推荐理由：

阅读史是书籍史的一个分支，它能揭示书籍在历史上的实际作用。本书的初衷是讨论阅读史的研究方法，文献来源于英文专著或欧洲其他语种专著的英文译本，探寻的主要是大西洋两岸从中世纪到 19 世纪的阅读史和书史，并试图从这些研究中寻求启发和建设性的思考。

57. 书　　　　名：《书香传家：家庭阅读指南》

　　　 作　　　　者：万宇、周晓舟、李海燕

　　　 出　版　社：海天出版社

　　　 出版时间：2017 年 4 月

推荐理由：

《书香传家》以全民阅读学理之"分众阅读、分级阅读"为指导，以构建"书香中国"为旨归，分类对阅读进行总结与研究，提升读者阅读能力，把阅读推广建立在可靠的科学方法的基础之上。本书针对的是家庭阅读语境中，"亲子共读""幼儿导读""绘本阅读"等一系列实践性非常强的问题，以备受万户千家重视的"亲子阅读"为抓手，叙述了以书香艺馨为文化底色的"学习型家庭"及其家长，对于儿女成人与成长的重要性。

58. 书　　　　名：《书香社会：全民阅读导论》

　　　 作　　　　者：周燕妮、聂凌睿、马德静

　　　 出　版　社：海天出版社

　　　 出版时间：2017 年 4 月

推荐理由：

2006 年，国家新闻出版总署提出了"全民阅读"理念，并联合中宣部等 11 个部门联合发出《关于开展全民阅读活动的倡议书》，开展"全民阅读"活动。本书以怎样理解"全民阅读"、如何具体构建"书香社会"为叙述重点，综述了海内外鼓励读书、推广阅读的重要方略和具体案例，是一部贯彻着全民阅读推广人文理念的指导读物。

59. 书　　　　名：《书香在线：数字阅读导航》

　　　 作　　　　者：陈亮、连朝曦、张婷

　　　 出　版　社：海天出版社

　　　 出版时间：2017 年 4 月

推荐理由：

本书主要围绕数字阅读与数字资源开展，揭示各种数字阅读资源，帮助阅读者享受数字阅读的便利，让读者在认识和了解各类数字资源的同时，更好地进行知识发散，学习更多的关联知识，能够根据书中所提供的各类资源解决实际生活与工作中的各类问题，培养良好的数字阅读素养与数字阅读技能，将"互联网＋阅读"这一思想落实到实际操作中来，力图打造成一本兼具理论与实用性的数字阅读范本。

60. 书　　　名：《遇见绘本：与女儿亲子共读的这些年》

　　作　　　者：段利华

　　出 版 社：广东经济出版社

　　出版时间：2017 年 4 月

　　推荐理由：

本书收录了从海量绘本中淘选之后的精品绘本评荐，文章追随孩子选书的眼光，对书籍进行独立测试，同时也包含作者透过绘本故事悟到的教育观。

61. 书　　　名：《古书今读法》

　　作　　　者：胡怀琛

　　出 版 社：商务印书馆

　　出版时间：2017 年 7 月

　　推荐理由：

本书是古书阅读方法的普及书，对什么是古书、为什么要读古书、古书与今日社会的关系、读古书的方法、读书"精""博""通"的三字要点、要明白的学术源流和古书源流、必备的工具书、应当得到的概念等问题做了恰当分析。

62. 书　　　名：《超级阅读法：有效的阅读能力提升法》

　　作　　　者：韩非

　　出 版 社：中国华侨出版社

　　出版时间：2017 年 8 月

　　推荐理由：

本书中，作者首先阐述了阅读的本质，对"阅读"这一人人耳熟能详的词语进行了深入的分析，帮助读者先明确阅读的本质。接下来，《超级阅读法：有效的阅读能力提升法》又以"速读"作为主要切入点，对速读的优势、方法、阅读准备及要点做出了全面的概括。最后，作者就不同类型读本的特征，为读者分别指明了阅读要点。

63. 书　　　名：《少年世界观 1：道德篇》

　　作　　　者：张彩霞

　　出 版 社：济南出版社

　　出版时间：2017 年 11 月

推荐理由：

本书以培养良好品德为重点，设置了友善、诚信、责任、礼仪、亲情、友情、遵法、守纪等一系列阅读专题，通过生活故事、名家论道、观点争鸣、崇德向善等栏目，引导学生明了做人的基本价值准则。

64. 书　　　名：《少年世界观 2：心理篇》

　　作　　　者：张彩霞

　　出 版 社：济南出版社

　　出版时间：2018 年

推荐理由：

本书以培养健康心理为重点，围绕逆反心理、闭锁心理等主题，设置了一系列阅读专题，通过成长故事、心理讲堂、心灵驿站、深度观察、心理测试等栏目，引导学生正确认识自我，学会学习与生活，增强调控心理，形成健全的人格和良好的个性心理品质。

65. 书　　　名：《少年世界观 3：法治篇》

　　作　　　者：张彩霞

　　出 版 社：济南出版社

　　出版时间：2018 年

推荐理由：

本书以增强法治意识为重点，设置了法律面前人人平等、维护宪法尊严、预防未成年人犯罪、未成年人保护、网络暴力、遗产继承、消费维权、司法公正等一系列阅读专题，通过案例传真、法律讲堂、生活故事等栏目，引导学生了解基本的法律知识。

66. 书　　　名：《历史来了1》

　　作　　　者：高怀举

　　出 版 社：济南出版社

　　出版时间：2018 年 1 月

推荐理由：

　　本书内容包括：史前餐桌大起底、黑陶和龙山文化、雾里看花探涿鹿、禅让制的是是非非、从春秋战国"开"出的车、解读中国青铜文化等。

67. 书　　　名：《历史来了2》

　　作　　　者：高怀举

　　出 版 社：济南出版社

　　出版时间：2018 年 1 月

推荐理由：

　　本书内容包括：千年运河的历史变迁、科举制度面面观、李世民与凌烟阁二十四功臣、武则天的是是非非、东方艺术瑰宝唐三彩、文成公主的传奇等。

68. 书　　　名：《历史来了3》

　　作　　　者：高怀举

　　出 版 社：济南出版社

　　出版时间：2018 年 1 月

推荐理由：

　　本书内容包括：静海寺的荣耀与耻辱、魏源与《海国图志》、曾国藩家训、北洋水师的兴与灭、李鸿章的功与过、清末幼童留学记等。

69. 书　　　名：《历史来了 4》

　　作　　　者：高怀举

　　出 版 社：济南出版社

　　出版时间：2018 年 1 月

推荐理由：

本书内容包括：多党合作与政治协商制度、人民英雄纪念碑建造背后的故事、西藏和平解放纪实、朝鲜战争的火与血、茅台的发展与兴盛、原子弹研发始末等。

70. 书　　　名：《历史来了 5》

　　作　　　者：高怀举

　　出 版 社：济南出版社

　　出版时间：2018 年 1 月

推荐理由：

本书内容包括：古老的文字、爱琴文明与希腊神话、雅典与斯巴达、与人物牌有关的历史人物、阿拉伯人的历史、犹太人的历史等。

71. 书　　　名：《历史来了 6》

　　作　　　者：高怀举

　　出 版 社：济南出版社

　　出版时间：2018 年 1 月

推荐理由：

本书内容包括：从巴黎到华盛顿、匪夷所思的经济大危机、二战中的代号行动、二战中的重要会议、日本崛起之路、俄罗斯国家名称变迁背后的历史等。

72. 书　　　名：《你一定爱读的国学常识》

　　作　　　者：曹伯韩

　　出 版 社：华东师范大学出版社

　　出版时间：2018 年 3 月

推荐理由：

本书以贯通古今的视角、通俗通透的解读，带你了解国学：国学的来龙去脉、国学与世界学术、国学经典的读书方法、魏晋时代的玄学、佛学与儒学，凡涉国学，曹伯韩都做了详解分析。

73. 书　　　名：《洋葱阅读法》

　　　作　　者：彭小六

　　　出 版 社：北京联合出版公司

　　　出版时间：2018 年 6 月

推荐理由：

本书故事发生在遥远的洋葱岛，你是洋葱岛上的一个居民，一个很有志向、对整个世界充满好奇的年轻人。有一天，你收到了老村长交给你的一封神秘卷轴，于是你在阅读世界的冒险之路从此开启。将冒险故事融入读书方法的学习中，每一个洋葱人物对应一道关卡也是一种阅读方式，它会带领你找到路径，攻克难关，最终找到阅读世界的通关诀窍。

74. 书　　　名：《书，是最美的缘》

　　　作　　者：马犇

　　　出 版 社：吉林文史出版社

　　　出版时间：2018 年 7 月

推荐理由：

《书，是最美的缘》是马犇编著的"名家谈阅读"书系之一，是一册谈阅读、谈成长的书籍。马犇借一次次访谈梳理出一个个书籍成全人、人呵护书籍的成长故事。本书以独特的视角，围绕大阅读文化，为学者、茅盾文学奖获得者、鲁迅文学奖评委、鲁迅文学奖获得者、二人转理论研究家、版画家、文学评论家、摄影家、书法家、国画家、阅读推广人、收藏家、艺术家等 25 位文化名人做了深度访谈，内容均经嘉宾本人审定，广受专家肯定、读者欢迎。

75. 书　　　名：《中国家书家训》

　　作　　　者：宸冰

　　出　版　社：辽宁人民出版社

　　出版时间：2019 年 3 月

推荐理由：

本书精选从西汉到现代的家书家训文章，包括父母子女之间的信件往来、夫妻之间的鸿雁传书、充满爱国爱家之情的红色家书以及中华经典家训。作者宸冰将这些家书家训做了深入透彻的解读，更有宸冰的殷殷寄语，文笔流畅，故事性强，是父母弘扬传统文化、亲子共读的不二之选。

76. 书　　　名：《普通读者》

　　作　　　者：〔英〕弗吉尼亚·伍尔夫

　　译　　　者：刘炳善

　　出　版　社：北京十月文艺出版社

　　出版时间：2005 年 1 月

推荐理由：

《普通读者》包括从英国女作家弗吉尼亚·伍尔夫的文学评论集《普通读者》及其续编当中选译出的 24 篇文章。读着这样的文章，我们好像是在听一位有高度文化修养的女作家向我们谈天——许多有关文学、人生、历史、妇女的大问题、大事情，她都举重若轻地向我们谈出来了，话又说得机智而风趣，还带着英国人的幽默、女性的蕴藉细致，让人感到是一种艺术的享受。

77. 书　　　名：《阅读障碍与阅读困难：给教师的解释》

　　作　　　者：〔加〕J. P. 达斯

　　译　　　者：张厚粲、徐建平、孟祥芝

　　出　版　社：人民邮电出版社

　　出版时间：2007 年 4 月

推荐理由：

本书主要是对阅读障碍和阅读困难进行解释，其理论基础是著名的并被广泛公认的 PASS（计划—注意—同时—继时）加工的观点。在实践方面，该书为教师对阅读困难学生的识别提供了帮助、介绍了有针对性的矫治方案，并于本书最后附上了较为详细的 PREP 任务举例。该书最后两章综述了我国学者在汉语阅读方面的一系列重要研究成果，对教师和相关领域的学者都有一定的参考价值。

78. 书　　　名：《打造儿童阅读环境》

　　作　　者：〔英〕艾登·钱伯斯

　　译　　者：许慧贞

　　出 版 社：南海出版公司

　　出版时间：2007 年 10 月

推荐理由：

这是一本专为广大老师、家长、图书馆员以及儿童阅读推广者所写的儿童阅读推广指南。作者提出每次阅读，我们都要经历一个阅读循环，即"选书—阅读—回应"形成一个循环，这一过程中间是有一个重要的中心元素，即一个有协助能力的大人。如果能有一个值得信赖的大人建立可以让孩子心无旁骛进行阅读的环境，与孩子分享阅读经验，让孩子轻易地排除横亘在他面前的各个阅读障碍，尽情地在书海中遨游，这对培养孩子形成良好的阅读习惯有巨大的影响。

79. 书　　　名：《快速阅读》

　　作　　者：〔英〕东尼·博赞

　　译　　者：丁叶然

　　出 版 社：中信出版社

　　出版时间：2009 年 8 月

推荐理由：

《快速阅读》提出了"照相式记忆"阅读这一革命性理论和方法，按书中的设计和步骤训练，人们可以高效地利用眼睛 / 大脑系统，大幅度提高阅读速度和理解能力。该书分门别类地介绍了初读分析法、声读分析法、速读分析法、闲读分析法、笔读分析法、忆读分析法等，并按文章体裁，循序渐进地总结了记叙文、说明文、议论文和文言文等快速阅读分析的各种方法和技巧。

80. 书　　　名：《给孩子 100 本最棒的书》

　　作　　　者：［美］安妮塔·西尔维

　　译　　　者：王林

　　出　版　社：湖南少年儿童出版社

　　出版时间：2010 年 5 月

推荐理由：

《给孩子 100 本最棒的书》是一本优秀的自美国引进的儿童文学指导类书籍。作者把书的内容、书的特点、作家的故事、创作背后的故事一一介绍，既深具专业性又有可读性。一个家庭可以根据孩子的阅读兴趣和年龄的不同，从这 100 本书里选取适合孩子阅读的书。

81. 书　　　名：《我该如何阅读》

　　作　　　者：［美］亚伦·杰柯布

　　译　　　者：林修旭

　　出　版　社：大是文化

　　出版时间：2011 年 4 月

推荐理由：

阅读在今天比以往更蓬勃、更美好。作者主张，网络年代的阅读大大超越了传统阅读的想象。他写这本书的目的不是指导你如何读完一本书，而是要你爱上阅读。他是想让网络年代的读者享受阅读的乐趣。

82. 书　　　名：《松居直喜欢的 50 本图画书》

　　作　　　者：［日］松居直

　　译　　　者：郭雯霞　杨忠

　　出　版　社：二十一世纪出版社

　　出版时间：2011 年 8 月

推荐理由：

松居直是向世界推动日本图画书的先驱人物，被誉为"日本图画书之父"。创作有《桃太郎》（获日本产经儿童出版文化奖）、《木匠与鬼六》《桃花源的故事》

等，并著有多本论文集，中国已翻译出版的有《幸福的种子》《我的图画书论》。《松居直喜欢的 50 本图画书》是先生继《幸福的种子》《我的图画书论》之后，集几十年的工作、创作经验和心力写成的 50 篇图画书论。

83. 书　　　名：《阅读的力量》

　　作　　　者：［美］斯蒂芬·克拉生

　　译　　　者：李玉梅、王林

　　出　版　社：新疆青少年出版社

　　出版时间：2012 年 1 月

推荐理由：

本书作者介绍了一种新的提高语言能力的读书方法，即"自由自主阅读"，并对其进行了详细介绍。斯蒂芬·克拉生教授多年对各个国家教育情况一丝不苟的研究，为他在《阅读的力量》中提出的自由自主阅读方式提供了大量翔实而有力的证据。这是一本由枯燥数据和生动结论相结合的书。它对每一个语言研究者和语言教师来说都有很大的启示，也为每一位教育工作者、教育管理者和父母培养孩子的语言能力指明了方向。

84. 书　　　名：《消遣时代的阅读乐趣》

　　作　　　者：［美］艾伦·雅各布

　　译　　　者：魏瑞莉

　　出　版　社：译林出版社

　　出版时间：2012 年 8 月

推荐理由：

这是一个大众传媒的时代，伴随电子出版物的兴起，许多人特别是青少年越来越热衷于快餐式阅读。长此以往，痴迷于此的这一群体的文字表达能力必将退化，乃至逐渐丧失独立思考的能力，变成没有思想的"空心人"。欣慰的是，仍然有众多的读者在线上线下体验着阅读的真正乐趣。但是，在外界干扰和诱惑愈演愈烈的情形下，我们怎样才能培养并保持深度注意力，在这吵闹的环境中安心读书呢？本书是为那些体验过阅读乐趣的人而写的，还对不同类书籍进行了评价，并推荐了不同的读书方法和技巧。

85. 书　　　名:《我可以克服阅读障碍》

　　作　　　者:［加］珍妮弗·莫尔－玛丽诺斯　［西］马尔塔·法夫雷加

　　译　　　者: 王景

　　出　版　社: 化学工业出版社

　　出版时间: 2014 年 2 月

推荐理由:

随着小朋友渐渐长大,在学习、阅读或是生活中,会出现这样或那样的问题。遇到困难,总会有解决的方式和方法,本套图书针对孩子在成长过程中遇到的困难和问题,通过不同的方式改变孩子的坏习惯,引导孩子用正确的方式生活与阅读,对特别的孩子给予特别的关心。

86. 书　　　名:《如何阅读一本书》

　　作　　　者:［美］莫提默·J. 艾德勒　查尔斯·范多伦

　　译　　　者: 郝明义　朱衣

　　出　版　社: 商务印书馆

　　出版时间: 2014 年 10 月

推荐理由:

《如何阅读一本书》初版于 1940 年,1972 年大幅增订改写为新版。不懂阅读的人、初探阅读的人,读这本书可以少走冤枉路。对阅读有所体会的人,读这本书可以有更深的印证和领悟。该书强调阅读是一种主动的活动。阅读一般分为三种目的:娱乐消遣、获取资讯、增进理解力。只有最后一种目的的阅读能帮助阅读者增长心智,不断成长。

87. 书　　　名:《如何高效阅读》

　　作　　　者:［美］彼得·孔普

　　译　　　者: 张中良

　　出　版　社: 机械工业出版社

出版时间：2015 月 5 月

推荐理由：

本书从高效阅读的意义说起，向读者介绍了高效阅读的方法和技巧。首次提供了一种全新的自学模式，让你在简单易学的练习与训练中获得革命性的阅读技巧。有了这些新方法，你将成为世界上阅读速度最快的人之一。

88. 书　　名：《什么是杰作：拒绝平庸的文学阅读指南》

　　作　　者：［法］夏尔·丹齐格

　　译　　者：揭小勇

　　出 版 社：广西师范大学出版社

　　出版时间：2015 年 10 月

推荐理由：

本书是作者继《为什么读书》之后又一部关于文学与阅读的作品，介乎文学批评与热心读者自传式的表白之间，试图识别一个众人皆知，但此前甚少被定义和深入分析的概念：杰作。什么是"杰作"？"杰作"是从何时开始用于文学？文学杰作有评判的标准乃至配方吗？怎样确认一本书是否为杰作？杰作是不朽的吗？人们今天是否还需要杰作？……本书试图回答诸如以上的林林总总的问题，其目的是消除杰作的神圣光环，让读者理解什么才是真正的文学杰作。

89. 书　　名：《超级阅读术》

　　作　　者：［日］斋藤孝

　　译　　者：赵仲明

　　出 版 社：北京联合出版公司

　　出版时间：2016 年 4 月

推荐理由：

作者斋藤孝从选书、速读、精读、输出四个板块，全方位且毫无保留地分享了自创的最强的读书技能。这些技能可以帮助读者读得更多，读得更精，读后马上就能用于生活和工作。本书由以下几个部分构成：介绍培养读书习惯的秘诀；介绍以大量读书为目的的速读全技能；介绍以提高读书质量为目的的精读的全技能；介绍将读书效率最大化的选书的全技能；介绍将读书获得的知识用以工作的全技能；介绍值得当下社会人士一读的 50 本书。

90. 书　　　名：《如何有效阅读一本书：超实用笔记读书法》

　　作　　　者：[日]奥野宣之

　　译　　　者：张晶晶

　　出　版　社：江西人民出版社

　　出版时间：2016 年 6 月

推荐理由：

本书所传授的是非常实用的笔记式读书法。该书从选书、购书、读书、记录到检索以备重读，对每个步骤都进行了说明，提供了一整套科学、高效的读书方法。他倡导：有目的性地购书，让读书从一开始就充满主动性；用笔记管理读书生活，养成随时记录心得体会的习惯；学会摘抄，让原书精髓与自身思维的火花交相辉映；完善整理归档工作，以备反复多次地重读，凸显其价值。

91. 书　　　名：《博赞脑力训练手册之快速阅读》

　　作　　　者：[英]东尼·博赞

　　译　　　者：鹿丹丹

　　出　版　社：北京联合出版公司

　　出版时间：2016 年 7 月

推荐理由：

在本书中，作者通过科学的剖析，为读者提供高效利用眼球、大脑协作系统进行阅读的训练方法，并以此表明人类在快速阅读方面的无限潜力。本书是博赞"思维导图"系列丛书的简明手册，根据本书给出的革命性速读理论与方法，读者将打破常见阅读"问题"的窠臼，全面提升学习专注度，加速信息获取速率，有效深化阅读理解。学生、教师、主管以及任何想要加快阅读速度与提高阅读质量的人士，均可以在本书丰富的练习与测试中切实地感受到速读技巧的养成与精进。

92. 书　　名：《深阅读：信息爆炸时代我们如何读书》

　　作　　者：［日］斋藤孝

　　译　　者：程亮

　　出　版　社：江西人民出版社

　　出版时间：2016 年 9 月

推荐理由：

在当今这样快节奏的时代，读书稍显老套，但我们确实无法忍受没有书的人生。读书到底有什么意义？这个问题乍看简单，实则难以回答。日本知名教育学家斋藤孝在本书中从各个角度阐述了读书的本质意义：在信息爆炸的当下，用读书掌握"深潜力"，汲取人类精神的宝贵清流。本书重申信息时代阅读经典的重要性，提出持续读书的五个习惯以及十倍增强读书力的技法。书中更有作者多年经验总结，带给你新鲜大胆的读书方法。翻开这本书，你会更深刻地了解读书的美好。

93. 书　　名：《聪明人的一张纸工作整理术：完美图解》

　　作　　者：［日］高桥政史

　　译　　者：易哲

　　出　版　社：湖南文艺出版社

　　出版时间：2017 年 2 月

推荐理由：

本书内容包括了所有的工作都可以归纳到一张纸上、把"想传达的内容"整理归纳到一张纸上的方法、15 分钟阅读一本书，把要点归纳到一张纸上、将书本知识在工作中学以致用的读书方法。利用"S 便笺"实现快速方案和策划，利用"16 分割笔记"快速整理信息，提前准备"话题地图"加速会议，"阅读克星"模板可用于快速书籍阅读。书中关于阅读的方法很实用，对于大量阅读和主题阅读尤其推荐。

94. 书　　　名：《快速阅读术》

　　作　　　者：［日］印南敦史

　　译　　　者：王宇新

　　出 版 社：中信出版社

　　出版时间：2017 年 4 月

推荐理由：

很多人可能都有类似的经历，书越屯越多，却始终读不动，或读过的书，很快就忘记了……本书作者同样遇到过这些困惑，他在书中阐述了原因，并提出了养成阅读习惯的三个步骤：第一步是"每天在同一时间"读书；第二步是首选"可以快速阅读"的书；第三步是今天阅读的书籍要与昨天的不同。而对于避免阅读失败的方法，他也提出了四个步骤：第一步是"一行采集"，仅摘取最具魅力的片段；第二步是"一行精华"，采撷最精彩的一行；第三步是"一行评论"，要求读者回味最重要的段落；第四步是"自我评定读书足迹"。该书所阐述的方法，适合碎片化时间的阅读，可以在短时间内阅览尽可能多的书籍。

95. 书　　　名：《如何阅读：一个已被证实的低投入高回报的学习方法》

　　作　　　者：美国普林斯顿语言研究中心、［美］艾比·马克斯·比尔

　　译　　　者：刘白玉、韩小宁、孙明玉

　　出 版 社：中国青年出版社

　　出版时间：2017 年 5 月

推荐理由：

在碎片化阅读时代，阅读的时间越来越少。本书介绍的普林斯顿阅读法，能帮助你提升阅读速度，20 分钟提高阅读速度 300%，从而实现在更短的时间阅读更多的书籍、杂志、文章，同时它能帮助你提升阅读能力，理解并记住核心信息。通过阅读本书，你将学会：如何改掉影响阅读速度的坏习惯；如何提高专注力；如何快速提升眼睛获取信息的技能；怎样读懂专业文章；如何带着目的和问题去阅读，消化吸收；如何有效地做笔记；如何批判式阅读；如何略读、扫读、跳读；如何利用碎片时间清理堆积的待读材料等。

96. 书　　　名：《高倍速阅读法》

　　作　　　者：［美］保罗·R.席列

　　译　　　者：佳永馨璃

　　出　版　社：中信出版集团

　　出版时间：2017 年 9 月

推荐理由：

　　《高倍速阅读法》是一本用科学的方法教会人们自主阅读的书。作为美国联邦快递、IBM、苹果电脑等一流大企业用于培训员工的最强商务工具，影像阅读法推翻了旧有的被动式读书方法。通过利用人类左脑的分析和理论思考能力、右脑的理解和创造能力，高倍速阅读法鼓励人们抱着明确的目的去阅读，通过准备、预习、影像翻阅、复习、激活五个步骤，以此突破大脑强大的潜意识，唤醒记忆力和理解力。掌握影像阅读法后，还可以结合同主题阅读、团队激活、直接学习等实用、有效的学习方法，提升个人思维能力的有效工具，并将为你的人生带来惊人的改变！

97. 书　　　名：《实用性阅读指南：把读到的知识转化成能力》

　　作　　　者：［日］大岩俊之

　　译　　　者：陈怡萍

　　出　版　社：江西人民出版社

　　出版时间：2017 年 11 月

推荐理由：

　　本书的目的在于提高阅读效率，将所阅读的内容应用到实践中，使书籍能够实实在在提升人们的工作和生活。作者利用"思维导图""二八法则""艾宾浩斯曲线"等著名定律，讲述如何高效地掌握一本书的精髓。他强调做笔记的重要性，以此进行信息"输入"和"输出"的交互，强化记忆。书中还整理记录了大量作者亲身实践的读书案例和思维导图，如"读书＋创业""读书＋资格考试""读书＋提升工作技能"等，用直观的方式教读者带着目的去读书，在实践中发挥更大的作用。

98. 书　　　名：《高效能阅读》

　　作　　　者：〔日〕原尻淳一

　　译　　　者：程亮

　　出 版 社：江西人民出版社

　　出版时间：2017 年 11 月

推荐理由：

《高效能阅读》从培养兴趣、快速阅读、消化知识和工作应用四个方面分析了阅读实践中出现的问题，并逐一提出了针对性的建议。此外，书中包含大量工作学习中的超实用技巧，且在章节设置上呈现从低级到高级的阶段成长模式，以保证每一位读者都可以根据实际情况选择自己需要的技巧。其中诸多技巧都体现着作者的阅读智慧和生活哲学，任何人都能根据自己的基础，从需要的地方开始阅读。

99. 书　　　名：《为生命而阅读》

　　作　　　者：〔美〕威尔·施瓦尔贝

　　译　　　者：孙鹤

　　出 版 社：江苏凤凰文艺出版社

　　出版时间：2017 年 12 月

推荐理由：

本书中，作者在自己母亲生命的最后时期通过和母亲阅读相同的书目，分享各自的人生态度和观点，陪伴母亲度过生命中最后美好时光，从此嗜书如命。作者从书里找到了和自己独处的方法，以及如何与书做朋友，书中的每一个关于阅读的故事都能够让读者从中看到自己。推荐这本书主要是想让我们知道，在天下武功唯快不破的时代里，慢也是一种生活态度，和自己相处是一种能力，读书的过程中要留下自己思考的痕迹。只有经过思考的东西才能变为我们的行为，成为我们的血肉和骨骼。

100. 书　　　名：《每天阅读五项：独立读写能力培养法》

　　作　　　者：［美］盖尔·鲍诗依　［美］琼·莫泽

　　译　　　者：林作帅

　　出 版 社：华东师范大学出版社

　　出版时间：2019 年 3 月

推荐理由：

　　《每天阅读五项：独立读写能力培养法》是北美地区从幼儿园到初中阶段普遍应用的语文教学体系。目前除了英语读写教学之外，法语、西班牙语、中文教学都有不同程度的应用。本书适合培养学生自主阅读写作能力，学生在这套学习方法里，必须有较高的参与度、学会自由选择，老师也能根据学习个体的差异进行小组教学。

后　记

"山明水净夜来霜，数树深红出浅黄"，秋色尚未褪尽，层林尽染，最美的秋景此时正呈现在并州大地上。《读书方法与图书馆阅读推广》历经两载充实而意义非凡的编写时光，终于成稿于这个秋冬之交的多彩季节。

自 2014 年"全民阅读"首次写入政府工作报告至今，政府工作报告已连续六次"倡导"全民阅读，2019 年亦强调"倡导全民阅读，推进学习型社会建设"，全民阅读已经进入一个新的发展阶段。倡导和推进全民阅读，建设书香四溢的学习型社会，是党和政府高瞻远瞩之策和纲举目张之举，对于实现中华民族伟大复兴具有重要的战略意义。

习总书记曾说过："读书不仅要有明确的目标、有不移的恒心，还要提高读书效率和质量，讲求读书方法和技巧，在爱读书、勤读书、读好书、善读书中提高思想水平、解决实际问题、实现自我超越。"掌握正确的读书方法有助于增进读书效能、提高学习素养。有效的读书方法有助于培养阅读兴趣，让读者构建自己的知识体系，提高其学习能力，帮助读者主动读书，形成全民阅读的社会阅读氛围。

图书馆作为公共文化服务体系的重要组成部分，也是文化建设的主要阵地，担负着引领学习的社会教育职能，是阅读推广活动的策划者、组织者和实施者，对于推进学习型社会的建设具有举足轻重的作用。

编写本书的初衷不仅是为了各级各类图书馆馆员掌握读书方法以便更好地进行阅读推广，更是希望帮助普通读者掌握读书方法，提高阅读能力，获取知识的同时也收获学习的能力，最终能够学以致用。基于这种理念，构建了全书框架，拟定了每讲的大体内容。

按照教材编写进度，2018 年 9 月完成了本书初稿框架的撰写，为了对内容进行充实与丰富，特邀请原山西大学经济与管理学院信息资源管理研究所副所长、博士生导师，现中国人民大学博士生导师贾君枝教授多次莅临太原图书馆，对编写体例、内容构成进行详细指导，编写组成员在研究、讨论的基础上，经过半年多的时间对初稿进行仔细修改、完善、补充。在2019年4月，编写组成员经过与丛书总主编王余光教授的反复交流、讨论，认真听取了王余光教授对书稿的修改意见，做出了修改方案。如：在原稿基础上，新增了许多生动翔实的案例，尤其是《读书方法的应用》这一讲，精心选取了关于图书馆如何应用读书方法开展读书活动的经典优秀案例，使本书更具有实操性。附录部分，增加了近年来有关"读书方法""阅读推广"的优秀书目与提要，便于读者对图书的选择。2019年10月，在编写组成员的共同努力下，该书形成定稿。

作为主编，本书编撰目的就是帮助每一位使用这本《读书方法与图书馆阅读推广》的图书馆馆员或是普通读者找到适合自己的读书方法，做到不仅爱读书，而且会读书，使阅读推广活动更好更顺利地进行下去。

全书的顺利编撰，离不开每一位参与编撰的同人的辛勤付出，正是由于他们的专业态度和敬业精神，才使本书得以出版。在本书编写期间，编写组得到了中国图书馆学会阅读推广委员会有关同人，省、市领导及业内专家、学者的大力指导与帮助，为本书的出版提供了诸多帮助和指导，在此表示最诚挚的感谢。

郭欣萍

2019年10月28日